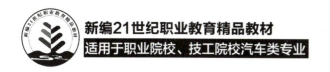

新编21世纪职业教育精品教材

适用于职业院校、技工院校汽车类专业

U0461990

汽车故障诊断技术
（微课版）

主　编◎吴　凯　焦　建　杜海兴

副主编◎陈立定　刘　洋　王世超

　　　　李　帅　丁　茂　刘　洁

　　　　孔福能

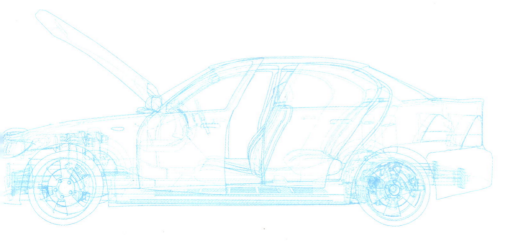

中国人民大学出版社

·北京·

图书在版编目（CIP）数据

汽车故障诊断技术：微课版／吴凯，焦建，杜海兴
主编. -- 北京：中国人民大学出版社，2024.12.
（新编21世纪职业教育精品教材）. -- ISBN 978-7-300
-32913-0

Ⅰ. U472.42
中国国家版本馆 CIP 数据核字第 20248C66D2 号

新编21世纪职业教育精品教材
适用于职业院校、技工院校汽车类专业

汽车故障诊断技术（微课版）

主　编　吴　凯　焦　建　杜海兴
副主编　陈立定　刘　洋　王世超　李　帅　丁　茂　刘　洁　孔福能
Qiche Guzhang Zhenduan Jishu（Weikeban）

出版发行	中国人民大学出版社			
社　　址	北京中关村大街31号	**邮政编码**	100080	
电　　话	010－62511242（总编室）	010－62511770（质管部）		
	010－82501766（邮购部）	010－62514148（门市部）		
	010－62515195（发行公司）	010－62515275（盗版举报）		
网　　址	http://www.crup.com.cn			
经　　销	新华书店			
印　　刷	北京昌联印刷有限公司			
开　　本	787 mm×1092 mm　1/16	**版　　次**	2024年12月第1版	
印　　张	18	**印　　次**	2024年12月第1次印刷	
字　　数	355 000	**定　　价**	49.80元	

前 言
PREFACE

党的二十大报告提出：统筹职业教育、高等教育、继续教育协同创新，推进职普融通、产教融合、科教融汇，优化职业教育类型定位。探索中国特色学徒制，大力培养技术技能人才，需要我们紧密联系新时代职业教育的实践和成就，推动新时代职业教育高质量发展，坚持"为党育人、为国育才"，围绕立德树人根本任务，以培养德技并修的高素质技术技能人才为目标，瞄准产业链、供应链发展新趋势及新技术、新工艺最新发展前沿，及时充实更新职业教育教材内容，将传统的讲授式教学转变为以实践式训练为主的教学，提高学生学以致用、解决问题的能力。深化理论和实践、知识和技能教育的融合，在润物无声中渗透思想政治教育。

本书对接"岗课赛证"，配套教学资源，支撑教法创新，按任务引领式教学编排内容，主要包括起动机不工作故障的检修、发动机缺缸故障的检修、发动机燃烧过稀故障的检修、前照灯不亮故障的检修、电动车窗不工作故障的检修、空调系统不制冷故障的检修、ABS故障指示灯点亮故障的检修、行驶时车辆跑偏故障的检修、车辆转向沉重故障的检修、传动轴异响故障的检修共十个任务。任务的设计以企业真实典型工作任务为载体，兼顾汽车领域的新知识、新技术、新工艺，对作业流程、作业标准、作业提示都采用二维码来帮助学生提高学习效率。

每个任务分为"维修基础""故障检修""学习评价"三部分，分别满足学生不同维度的知识、技能学习需求。其中，"维修基础"部分包含学习目标、学习准备、典型案例引入、确认故障现象、维修理论基础、维修实操基础、制订维修计划，根据汽修岗位工作能力的要求设置对应的学习模块，在知识内容安排上以够用为主，兼顾技能大赛知识体系，满足学生培养方面的基本需求；"故障检修"部分整合"1＋X"作业内容，融合企业维修流程和维修手册标准，通过把控操作规范，帮助学生提高作业效率，形成安全、规范的职业素养；"学习评价"部分包括自评、组评、师评、企业评等对学习活动、课堂纪律、团

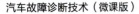

队合作、表达能力、动手能力、反思能力、工作态度、安全意识等多个维度的综合评价。

本书由吴凯［余姚技师学院（筹）］、焦建［余姚技师学院（筹）］、杜海兴（天津职业技术师范大学）、陈立定［余姚技师学院（筹）］、刘洋（江苏盐城技师学院）、王世超（成都汽车职业技术学校）、李帅（邯郸市职教中心）、丁茂（贵州兴义中等职业学校）、刘洁［余姚技师学院（筹）］、孔福能［余姚技师学院（筹）］合编。编写过程得到了宁波机动车维修行业协会李方、金耀，以及别克、哈弗汽车维修企业的技术人员的大力支持，他们对教材进行了论证分析，提出了宝贵的修改意见；同时邀请了宁波市名师楼红霞对教材进行审稿。

由于作者水平有限，书中肯定会有一些不太成熟的方法及观点，恳请广大读者提出批评和改进意见（电子邮箱 330893102@qq.com）。

吴凯

目　录
CONTENTS

学习任务九

车辆转向沉重故障的检修

学习任务十

传动轴异响故障的检修

起动机不工作故障的检修

任务概述

　　本任务来源于校企合作厂真实的故障案例，围绕起动机和起动机控制电路检修展开。通过明任务、制计划、定方案、排故障、验质量、拓任务这一完整的流程，学生能够学会不同类型故障的检修方法，具备处理不同类型起动机控制电路故障的能力，按照汽车维修企业的实际工作流程实施任务。另外，在完成任务的过程中相互协作，树立使用工具、设备的安全意识，养成良好的职业素养。

学习目标

　　知识目标：掌握起动机的功用、组成、类型及工作原理。

　　　　　　　　掌握识读起动系统电路图的方法。

　　技能目标：能根据维修手册分析故障原因，并完成维修方案的制定。

　　　　　　　　能根据微课视频、维修手册正确分解、检修、测试起动机。

　　　　　　　　能正确使用工具、量具、仪器等完成起动机故障的检修。

　　素养目标：通过视频和图片展示交流，反思检修过程，提出改进建议，培养专业综合素养。

　　　　　　　　培养敢担当、能吃苦、肯奋斗的品质。

建议学时

16 学时

学习活动一　　维修基础

学习目标

知识目标：掌握起动机的功用、组成、类型及工作原理。

掌握识读起动系统电路图的方法。

技能目标：能根据维修手册分析故障原因，并完成维修方案的制定。

能根据微课视频、维修手册正确认识故障现象。

能根据微课视频、维修手册正确分解、检修、测试起动机。

素养目标：通过积极参与课堂讨论，培养团队合作意识及专业素养，提高创新能力。

学习准备

工具：通用拆装工具、量具（游标卡尺、百分表、万用表）、跨接线。

材料：零配件、保险丝、清洁与安全耗材。

仪器：诊断仪、示波器等。

资料：维修手册、一体化参考书等。

典型案例引入

案例：刘先生的一辆 2021 款哈弗 M6 PLUS 汽车，搭载 1.5T GW4G15F 发动机，行驶 5 万千米，该车在地下车库停放 10 天后，出现发动机无法起动的故障现象。经班组长检查后初步判断：蓄电池性能良好，故障可能在起动机控制电路。客户要求尽快交车，现要求你与同事合作，在规定时间内完成故障的排除。（本案例由余姚东江哈弗 4S 店王顺锋师傅提供）

为了与实际工作相吻合，同时使学习任务更加具有拓展性，本任务在两辆哈弗 M6 PLUS 汽车上设置了故障现象相同的不同故障点。

确认故障现象

发动机故障指示灯（MIL）	□正常　□不正常		
发动机起动及运转状况	□正常　□不正常	如勾选不正常，请判断	□起动机转速慢 □起动机不转 □起动机正常转
其他（如果有）			

维修理论基础

操作帮助

　　发动机必须依靠_____带动_____旋转后，才能进入正常工作状态，通常把汽车发动机在外力作用下，开始转动到怠速运转的全过程，称为_____。

确认故障现象

　　起动系统的作用是供给发动机曲轴转动转矩，使发动机达到必需的起动转速，进入自行运转状态。当发动机进入自行运转状态后，起动系统立即停止工作。发动机常用的起动方式有_____、_____和_____。哈弗 M6 PLUS 汽车发动机起动方式为_____。

　　对照图 1-1，填写起动系统各组成部件的名称。

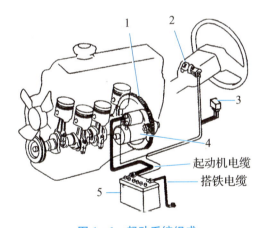

起动机电缆
搭铁电缆

图 1-1　起动系统组成

1—_____；2—_____；3—_____；4—_____；5—_____

　　⚠ 思考：混动汽车、电动汽车与燃油汽车的起动系统有区别吗？

（一）起动机的功用与组成

　　起动机的功用是将_____转变成_____，带动曲轴旋转，起动发动机。起动机主要由直流电动机、传动机构、控制装置组成，如图 1-2 所示。

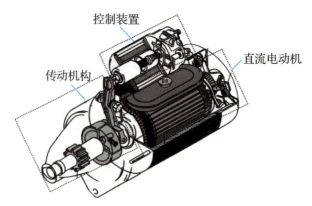

图 1-2　起动机结构

连一连：观察起动机实物部件，完成以下内容。

直流电动机　　　在发动机起动时，将直流电动机的转矩传递给发动机曲轴

传动机构　　　　通过控制起动电磁开关及杠杆机构，实现齿轮与飞轮的啮合与分离

控制装置　　　　将蓄电池输入的电能转换为机械能，产生电磁转矩

1. 直流电动机

直流电动机的作用是将蓄电池提供的电能转变为机械能，产生转矩，它由电枢、磁极、电刷组件（电刷和电刷架）、端盖和机壳等组成，在图 1-3 中填入相应内容。

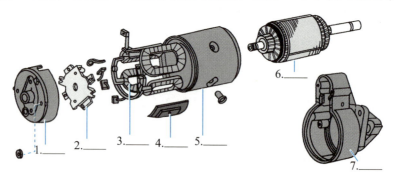

图 1-3　直流电动机的组成

电枢由电枢轴、电枢绕组、换向器、铁心等组成，在图 1-4 中填入相应内容。电枢的作用是＿＿＿＿＿＿＿＿＿＿＿＿＿＿＿＿＿＿＿＿＿＿＿＿＿。

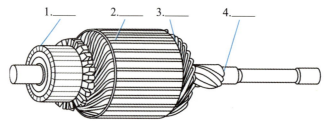

图 1-4　电枢的组成

磁极的作用是产生磁场，由_____和_____构成。电刷的作用是将电流引入电枢绕组。电刷一般用_____和_____压制而成。

2. 传动机构

传动机构主要由单向离合器、啮合弹簧、_____等组成。

单向离合器的作用是将电动机的转矩传递给发动机的飞轮齿圈，并使发动机迅速起动，同时又能在发动机起动后自动打滑，防止起动机被飞轮反拖，保护起动机不致飞散损坏。

单向离合器主要有_____、_____、_____等几种。哈弗 M6 PLUS 汽车起动机的单向离合器属于_____。

连一连：观察起动机单向离合器实物部件，完成以下内容。

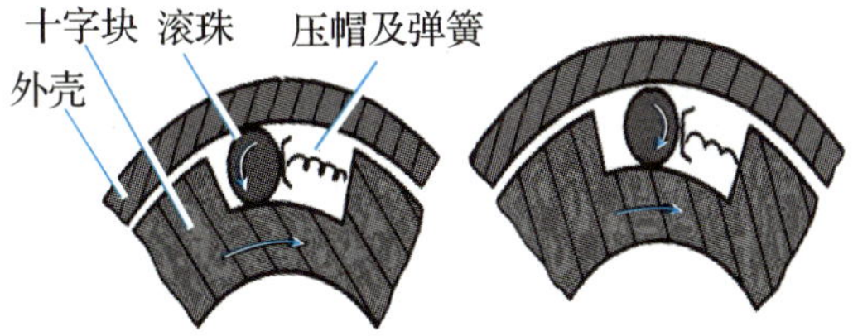

十字块 滚珠 压帽及弹簧
外壳

通过主、从动摩擦片的压紧和放松来实现接合和分离

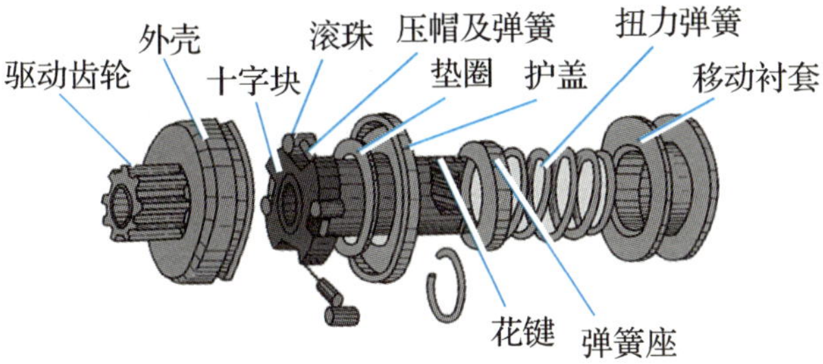

外壳 滚珠 压帽及弹簧 扭力弹簧
驱动齿轮 十字块 垫圈 护盖 移动衬套
花键 弹簧座

通过扭力弹簧的径向收缩和放松实现接合和分离

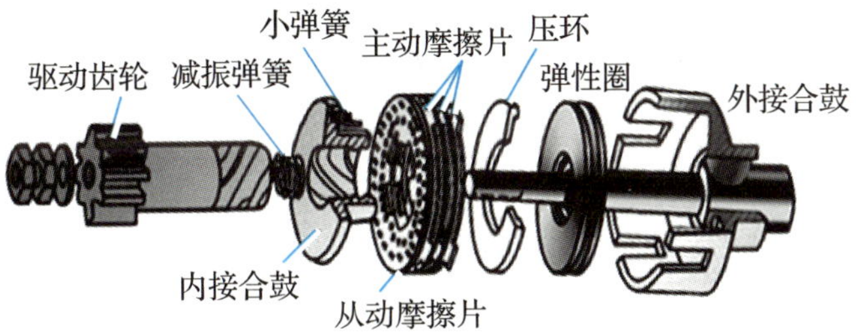

小弹簧 主动摩擦片 压环
驱动齿轮 减振弹簧 弹性圈 外接合鼓
内接合鼓 从动摩擦片

通过滚柱在卡槽中的不同位置来实现接合和分离

3. 控制装置

控制装置又称_____，其作用是控制驱动齿轮与飞轮齿圈的啮合与分离，并控制电动机电路的_____。它主要由_____、_____、_____、开关触点、回位弹簧、拨叉及外壳等组成。控制装置的结构与工作原理如图 1-5 所示。

⚠ **思考**：简述控制装置的工作过程。

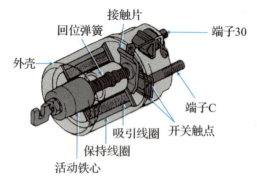

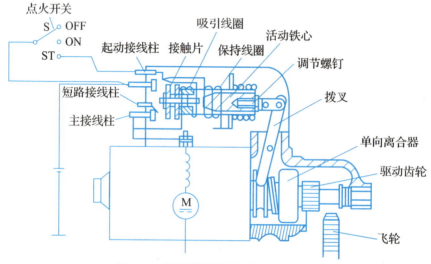

图 1-5　控制装置的结构与工作原理图

（二）起动机的类型

1. 按照_____分类

（1）依靠励磁绕组和磁极铁心建立磁场，结构复杂，应用广泛的是_____。

（2）以永磁材料作为磁极，结构简单，功率较小的是_____。

2. 按照_____分类

（1）由驾驶员利用脚踏板直接操纵开关接通和切断电路的是_____。

（2）由驾驶员旋动钥匙，通过电磁开关接通和切断电路的是_____。

3. 按照_____分类

（1）电枢产生的力矩通过单向离合器、驱动齿轮传给飞轮齿圈的是_____。

（2）在电枢后装有减速齿轮，变矩后再传给飞轮齿圈的是_____。

哈弗 M6 PLUS 汽车的起动机属于_____。

（三）起动机的工作原理

载流导体在磁场中受电磁力作用会产生运动。串励式直流电动机的励磁绕组和转子（电枢）绕组为串联关系。当电路接通时，蓄电池的电流便经励磁绕组和转子绕组形成回路，励磁绕组通电后形成电磁场，转子绕组通电后受电磁力作用产生旋转运动。换向片和电刷在旋转时，确保绕组某有效边导体从一个磁极范围转到另一个异性磁极范围，同时，导体中的电流方向改变，但电磁转矩的方向仍保持不变，使转子按顺时针方向继续转动，如图 1-6 所示。

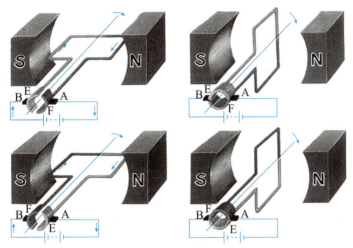

图 1-6　起动机的工作原理

根据图 1-7 完成填空，并补充电路电流路径。

当点火开关从 IG 挡切换至 STA 挡时：

（1）蓄电池 B+→_____→7.5A 保险丝→空挡起动开关→起动继电器/STA→起动继电器线圈→起动继电器/E1→搭铁→蓄电池负极，实现_____。

（2）蓄电池 B+→起动继电器/BATT→_____→_____→_____→励磁绕组→电枢→搭铁，实现活动铁心_____，与端子 30 和端子 C 接合，_____向右移动，推出驱动齿轮与_____接合。

（3）同时端子 50→_____→起动机外壳，将吸引线圈短路，活动铁心由_____控制。

（4）蓄电池 B+→_____→_____→_____→励磁绕组→_____→搭铁→蓄电池负极，电枢转动带动减速机构输出动力，完成发动机起动。

（5）当发动机正常运转后，点火开关从 STA 跳回至_____时，起动继电器触点开关打开，端子 50 断电，保持线圈断电，活动铁心在_____的作用下回到原来的位置，拨叉带动齿轮回位。

注意：以上过程请用不同颜色笔在图中描绘出来。

⚠ **思考：**发动机起动时，为什么发电机不能作为电源提供起动电流？

（四）哈弗汽车起动系统电路图的识读

小试身手：图 1-8 所示为哈弗 M6 PLUS 汽车起动系统电路图。查阅维修手册，分析哈弗汽车起动系统的控制原理。

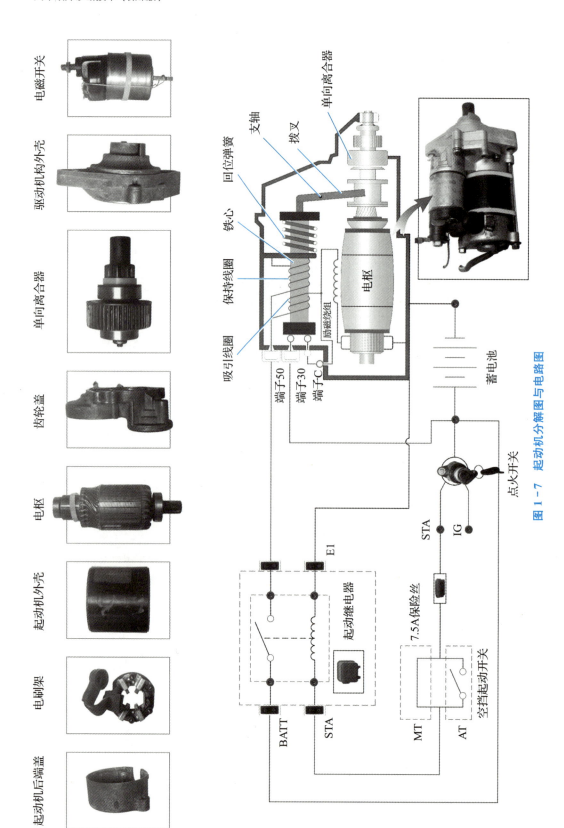

图1-7 起动机分解图与电路图

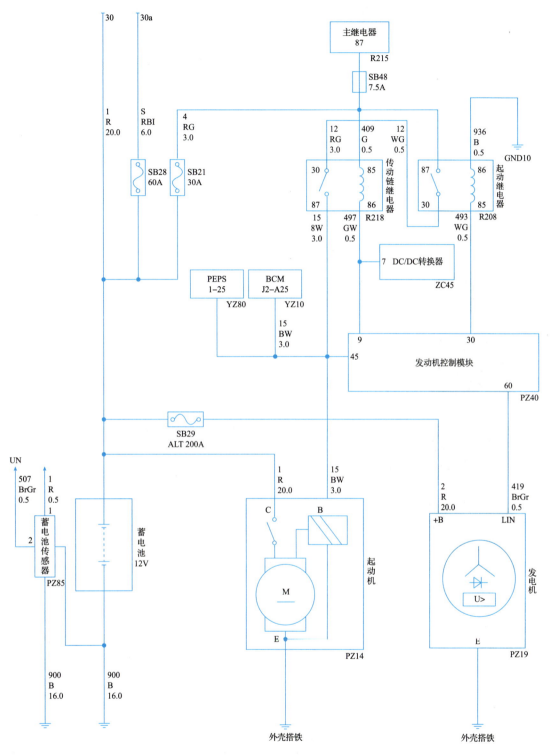

图 1－8　哈弗 M6 PLUS 汽车起动系统电路图

资料来源：长城汽车公司哈弗 M6 PLUS 汽车维修手册．

🚗 **知识拓展**

　　哈弗是长城汽车旗下子品牌，成立于 2013 年 3 月。以 SUV 车型为主的哈弗品牌与长城品牌并行运营，打破了合资汽车垄断的局面，与比亚迪、吉利等品牌一起成为国货之光。

（五）哈弗汽车起动系统的实车认知

看图填写部件名称，并写清楚部件在实车中的具体位置。

（1）_____，部件位置在_____。

（2）_____，部件位置在_____。

（3）_____，部件位置在_____。

（4）_____，部件位置在_____。

（5）_____，部件位置在_____。

操作帮助

哈弗起动系统
实车认知

🚗 **维修实操基础**

　　检查：在车辆上确认起动机工作状态，记录起动机拖动发动机转动的速度。若发动机不转或发动机转速在_____以上，则需检查其他部位有无问题。若发动机转速慢，则需确认起动机拖动发动机转动时蓄电池的电压是否_____，若_____，请检查蓄电池状态。

（一）起动机的拆解

完成操作并填写工单。

1. 拆卸起动机总成

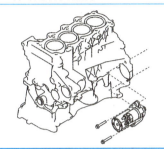

操作步骤	操作登记
①断开蓄电池负极	□已完成
②举升车辆到合适位置	□已完成
③断开起动机线束插接器	□已完成
④拆卸2个螺栓，取下起动机总成	□已完成

2. 拆卸起动机电磁开关总成

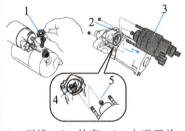

1—引线；2—外壳；3—电磁开关；
4—驱动杆；5—柱塞钩

操作步骤	操作登记
①拆下定位螺母并断开引线	□已完成
②拆下2颗螺母并将起动机电磁开关拉到后侧	□已完成
③向上拉起动机电磁开关的顶端，从驱动杆中取出柱塞钩	□已完成
④拆下_____	□已完成

3. 拆下起动机磁轭总成

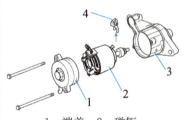

1—端盖；2—磁轭；
3—外壳；4—驱动杆

操作步骤	操作登记
①拆下2个螺栓和_____端盖	□已完成
②分开起动机外壳的磁轭	□已完成
③拆下驱动杆	□已完成

4. 拆下起动机电刷弹簧

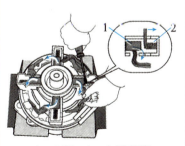

1—电刷；2—电刷弹簧

操作步骤	操作登记
①用_____将电枢轴固定在两块铝板或抹布之间	□已完成
②手指向上扳卡销，然后拆下。注意电刷弹簧可能会弹出	□已完成
③用螺丝刀压住电刷弹簧，拆下电刷。注意螺丝刀用_____缠住	□已完成
④拆下电刷座绝缘体	□已完成

5. 拆下起动机离合器

	操作步骤	操作登记
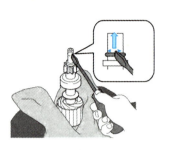	①合理固定后拆下_____	□已完成
	②用平头螺丝刀轻敲，使其向下滑动	□已完成
	③拆下卡环	□已完成
	④从电枢轴拆下止动环和起动机离合器	□已完成

操作帮助

起动机的拆装与分解

（二）起动机的零部件检测

完成操作并填写工单。

1. 检查电枢总成

	操作步骤	操作登记
	①目视检查电枢绕组和换向器_____或_____ 判断检查结果 □正常 □不正常 **注意**：换向器变脏和烧坏后会干扰电流并妨碍起动机的正常运转	□已完成
	②用_____清洁电枢总成	□已完成
3 2 1 4 5 1—换向器；2—电枢铁心； 3—线圈；4—电枢轴； 5—万用表	③使用万用表检查换向器和电枢铁心之间的绝缘情况（选测 3 个位置） 万用表校准 □正常 □不正常 电枢铁心位置 1 与绝缘部分之间的电阻_____ 电枢铁心位置 2 与绝缘部分之间的电阻_____ 电枢铁心位置 3 与绝缘部分之间的电阻_____ 判断检查结果 □正常 □不正常	□已完成
	④使用万用表检查换向器换向片之间的导通情况（选测 3 个位置） 换向器换向片 1 与位置 1 之间的电阻_____ 换向器换向片 2 与位置 2 之间的电阻_____ 换向器换向片 3 与位置 3 之间的电阻_____ 判断检查结果 □正常 □不正常	□已完成

续表

	操作步骤	操作登记
	⑤使用 V 形铁、百分表和磁性表座测量换向器的圆跳动量 百分表校准　□正常　□不正常 最大跳动量_____ 判断检查结果　□正常　□不正常 **注意**：换向器的圆跳动量变大，换向器与电刷的接触将减弱，会引起起动机无法运转等故障现象	□已完成
	⑥使用游标卡尺测量换向器的外径 游标卡尺校准　□正常　□不正常 外径（位置1）_____ 外径（位置2）_____ 判断检查结果　□正常　□不正常 **注意**：换向器与电刷在转动时持续接触会有磨损，当超出范围后会导致电循环不良，引起起动机无法运转等故障现象	□已完成
	⑦使用游标卡尺测量换向器换向片之间的深度 深度（位置1）_____ 深度（位置2）_____ 判断检查结果　□正常　□不正常	□已完成

操作帮助

零件测量和组装测试——电枢

2. 检查励磁绕组

	操作步骤	操作登记
1—电刷引线（A）；2—引线； 3—电枢；4—励磁绕组；5—万用表； 6—电刷引线（B）；7—磁轭	①使用万用表测量电刷引线（A）与引线之间的导通情况 万用表校准　□正常　□不正常 A组2根引线之间的电阻_____ B组2根引线之间的电阻_____ 判断检查结果　□正常　□不正常 **注意**：引线导通情况的检查有助于确定励磁绕组中是否发生开路	□已完成

续表

	操作步骤	操作登记
	②使用万用表测量电刷引线（A）与起动机磁轭之间的导通情况 万用表校准　□正常　□不正常 A组2根引线与磁轭之间的电阻_____ B组2根引线与磁轭之间的电阻_____ 判断检查结果　□正常　□不正常 **注意**：引线与起动机磁轭之间绝缘情况的检查有助于确定励磁绕组中是否发生短路	□已完成

3. 检查电刷

	操作步骤	操作登记
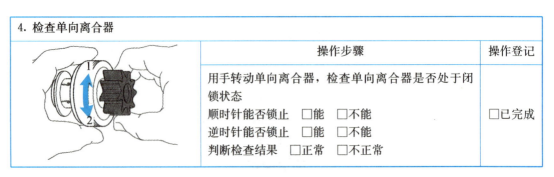	清洁电刷并使用游标卡尺测量电刷长度 游标卡尺校准　□正常　□不正常 长度值1_____ 长度值2_____ 判断检查结果　□正常　□不正常 **注意**：电刷磨损超过规定限度，弹簧的夹持力降低，会导致电流流动不畅，引起起动机不转故障	□已完成

4. 检查单向离合器

	操作步骤	操作登记
	用手转动单向离合器，检查单向离合器是否处于闭锁状态 顺时针能否锁止　□能　□不能 逆时针能否锁止　□能　□不能 判断检查结果　□正常　□不正常	□已完成

5. 检查电磁开关总成

	操作步骤	操作登记
	①用手指按住柱塞，松开手指之后，检查柱塞是否很顺畅地返回原来的位置 能否顺利压下和返回　□能　□不能	□已完成
	②手指按住和松开时，用万用表检查端子30和端子C之间的导通情况 万用表校准　□正常　□不正常 不按时，端子30和C之间的电阻_____ 按下时，端子30和C之间的电阻_____ 判断检查结果　□正常　□不正常	□已完成

续表

	操作步骤	操作登记
1—端子50；2—端子C； 3—吸引线圈；4—保持线圈； 5—外壳搭铁；6—端子30	③使用万用表检查端子50和端子C（吸引线圈）及外壳（保持线圈）之间的导通情况 万用表校准　□正常　□不正常 端子50和端子C之间的电阻_____ 端子50和外壳之间的电阻_____ 判断检查结果　□正常　□不正常	□已完成

（三）起动机的组装与测试

操作帮助

蓄电池通过线束（线束尽量粗，否则会发热严重）与起动机连接，负极连接起动机外壳，注意搭铁接触良好；正极连接B+端和S端，确认起动机驱动齿轮是否弹出、旋转。B+：起动机电源端，直接连接整车蓄电池正极；S：起动机控制端。

零件测量和组装测试——电磁开关等

⚠ **警告**：确保5s内完成操作，以防止烧蚀起动机线圈；

避免连续多次起动，防止起动机损坏。

从起动机壳体上断开负极引线，检查并确认离合器小齿轮是否停止运动并回位。完成操作并填写工单。

1. 牵引测试

	操作步骤	操作登记
	①将蓄电池正极连接端子50	□已完成
	②将蓄电池负极与端子C和起动机外壳连接，确认 小齿轮是否伸出　□伸出　□未伸出 判断检查结果　□正常　□不正常	□已完成

2. 保持测试

	操作步骤	操作登记
	牵引测试后，当小齿轮伸出时，从端子C断开测试引线 确认小齿轮是否保持伸出　□伸出　□未伸出 判断检查结果　□正常　□不正常	□已完成

3. 小齿轮间隙测量

	操作步骤	操作登记
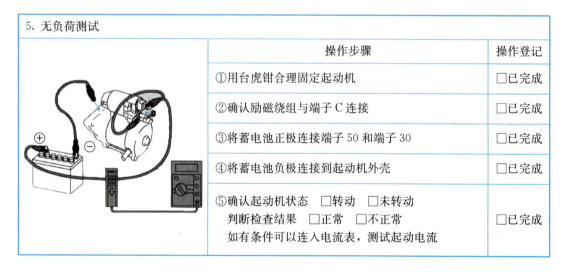	保持测试状态，使用游标卡尺测量小齿轮和止动环之间的间隙 实际测量间隙值_____ 判断检查结果　□正常　□不正常	□已完成

4. 小齿轮返回测试

	操作步骤	操作登记
	保持测试状态，断开接地线，确认小齿轮是否返回原始位置　□返回　□未返回 判断检查结果　□正常　□不正常	□已完成

5. 无负荷测试

	操作步骤	操作登记
	①用台虎钳合理固定起动机	□已完成
	②确认励磁绕组与端子C连接	□已完成
	③将蓄电池正极连接端子50和端子30	□已完成
	④将蓄电池负极连接到起动机外壳	□已完成
	⑤确认起动机状态　□转动　□未转动 　判断检查结果　□正常　□不正常 　如有条件可以连入电流表，测试起动电流	□已完成

引用说明：以上工作图引用自丰田汽车公司的《丰田技术员培训手册》。

操作帮助

起动机的组装与测试

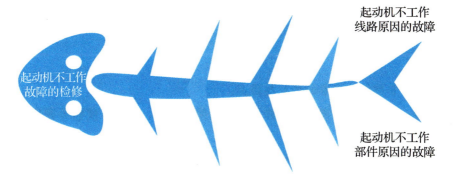 制订维修计划

（一）分析故障鱼骨图

起动机不工作
线路原因的故障

起动机不工作
故障的检修

起动机不工作
部件原因的故障

（二）设计维修方案

根据验证的故障现象，设计维修方案，写出方案的具体步骤。

步骤1	
步骤2	
步骤3	
步骤4	
步骤5	
步骤6	
步骤7	
步骤8	
步骤9	
步骤10	
步骤11	
步骤12	
补充步骤	

（三）绘制诊断流程

学习活动二　　　　故障检修

学习目标

知识目标： 掌握维修工单的填写与修正。

技能目标： 能根据微课视频、维修手册正确使用工具、量具、仪器等完成起动机故障的检修。

素养目标： 通过展示视频和图片，在交流、反思中优化检修过程，培养精益求精的工匠精神。

学习准备

工具： 通用拆装工具、内饰撬棒、量具（游标卡尺、百分表、万用表）、试灯、跨接线。

材料： 零部件、保险丝、清洁与安全耗材。

仪器： 诊断仪、示波器等。

资料： 维修手册、一体化参考书等。

操作过程

（一）读取故障码和数据流

与起动系统相关的 DTC	□无 DTC　　□有 DTC： _____			
与起动系统相关的数据流	项目	数值	单位	判断
	发动机转速			□正常　□不正常
	蓄电池电压			□正常　□不正常
	钥匙/PEPS 信号			□正常　□不正常
	挡位信号			□正常　□不正常
	刹车信号			□正常　□不正常
	防盗控制			□正常　□不正常

知识拓展

　　道通汽车智能诊断仪利用计算机技术对汽车内部电控系统进行全自动化检测，具备全自动读取汽车各电控系统故障码、读取汽车动态数据流、动作测试、显示传感器波形、控制计算机编码等功能，支持不同品牌、不同车型、不同插接器、不同协议的故障诊断系统，可以替代原厂检修和博世诊断设备。

操作帮助

读取故障码和数据流

1. 哈弗汽车发动机中与起动机相关的故障码

故障码及含义	原因分析
P26E400 起动继电器控制电路故障	插接器插接不牢或接触不良 起动继电器控制电路低边开路 ECU 对应起动机控制低边引脚开路和损坏
P26E500 起动继电器控制电路电压过低	起动继电器控制电路低边短路 ECU 对应起动机控制低边引脚短路
P26E600 起动继电器控制电路电压过高	起动继电器控制电路低边对电源短路 ECU 对应起动机控制低边引脚对电源短路
P304600 起动继电器或传动链继电器无法接合故障	起动继电器损坏、传动链继电器损坏
P305000 传动链继电器无法脱开故障	传动链继电器开关黏合损坏
P305200 起动继电器无法脱开故障	起动继电器开关黏合损坏
P305400 发动机堵转或者起动机与飞轮不啮合故障	曲轴或飞轮被卡死、起动机与飞轮无法啮合
P305500 起动机反馈电压信号线与地短路故障	起动反馈信号线开路、对地短路
P305600 起动机反馈电压信号线与电源短路故障或者起动继电器黏滞	起动反馈信号线对电源短路 起动继电器开关黏合损坏
P305800 起动机损坏或者起动机供电电路中断故障	起动机供电电路断开或损坏电源短路 起动机损坏或无法正常工作

2. 故障码

故障码的作用类似指路牌，电控系统发生故障时，系统控制单元的自诊断模块检测到系统部件故障后，将故障的信息以数字代码的形式存储在模块内部。

通过解读故障码，大多能正确识别故障可能发生的原因和部位，但也会出现判断失误的情况。故障码仅是一个是或否的界定结论，不可能指出故障的具体原因，想要准确判定故障部位，还需根据发动机的故障症候，进一步分析和检查。

3. 数据流

数据流真实地反映了各传感器和执行器的工作电压和状态，为汽车故障诊断提供了依据。

数据流一般分为冻结帧数据、静态数据、动态数据。读取起动系统数据流时，因发动机无法起动，可以读取起动瞬间的数据，来判断信号的变化。

（二）选用动作测试

操作帮助

动作测试

汽车诊断仪的动作测试是通过诊断仪向汽车的电子控制单元（ECU）发送特定的指令，以触发某个系统或部件执行特定的动作，从而检测其是否正常工作。该功能可以帮助技术人员快速确定汽车系统或部件是否存在故障；也可在汽车维修后，用于验证修复后的系统或部件是否正常工作。主要有以下几种动作测试。

1. 发动机系统动作测试

燃油喷射测试：诊断仪可以控制发动机的喷油器进行喷油，以检查喷油器的工作情况。

点火测试：触发发动机的点火系统，检查火花塞能否正常点火。

2. 变速器系统动作测试

换挡测试：控制变速器进行换挡操作，检查换挡电磁阀、离合器等部件的工作情况。

锁止离合器测试：测试变速器的锁止离合器是否能够正常工作。

3. 制动系统动作测试

ABS 泵测试：触发 ABS 泵工作，检查 ABS 的压力调节功能。

电子驻车制动测试：控制电子驻车制动系统进行制动和释放操作，检查其工作情况。

4. 车身电气系统动作测试

灯光测试：控制车辆的各种灯光（如大灯、雾灯等）亮灭，检查灯光系统的工作情况。

电动车窗测试：操作电动车窗的升降，检查车窗玻璃升降器电动机和控制模块的工作情况。

本次任务是否选用动作测试？	□选用	□不选用
如不选用动作测试，请说明原因。		
如选用动作测试，请勾选相应系统 □发动机系统动作测试　□变速器系统动作测试　□制动系统动作测试　□车身电气系统动作测试		

（三）分析故障范围

确定故障范围		□可能	□不可能
		□可能	□不可能
		□可能	□不可能
		□可能	□不可能
		□可能	□不可能
		□可能	□不可能

提示：（1）确定故障范围时，初学者可以尽量多地列举可能的内容，后期通过合适的方法不断排除。

（2）列举的内容划定为不可能时，最好写明判断的依据。

（四）排定先后顺序

部件检测顺序	线路检测顺序
1.	1.
2.	2.
3.	3.
4.	4.
5.	5.
6.	6.
7.	7.
8.	8.

提示：排定检测顺序时要充分考虑部件和线路在实车上的位置和实际检测维修的难易程度。建议将查看维修手册和观察实车相结合，也可先咨询指导教师或企业师傅。

（五）检查测量过程

完成工单的填写，请根据故障范围选择相应的内容和顺序。

1. 继电器检测

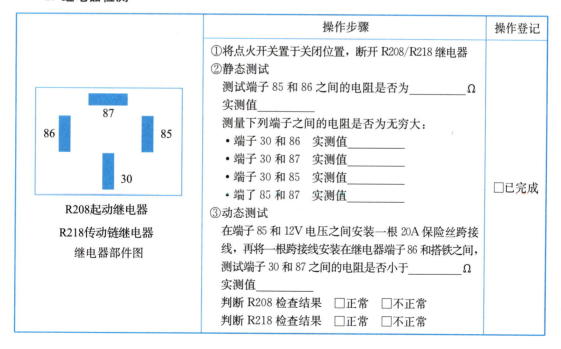

	操作步骤	操作登记
R208起动继电器 R218传动链继电器 继电器部件图	①将点火开关置于关闭位置，断开 R208/R218 继电器 ②静态测试 　测试端子 85 和 86 之间的电阻是否为＿＿＿＿＿＿Ω 　实测值＿＿＿＿＿＿ 　测量下列端子之间的电阻是否为无穷大： 　• 端子 30 和 86　实测值＿＿＿＿＿ 　• 端子 30 和 87　实测值＿＿＿＿＿ 　• 端子 30 和 85　实测值＿＿＿＿＿ 　• 端了 85 和 87　实测值＿＿＿＿＿ ③动态测试 　在端子 85 和 12V 电压之间安装一根 20A 保险丝跨接线，再将一根跨接线安装在继电器端子 86 和搭铁之间，测试端子 30 和 87 之间的电阻是否小于＿＿＿＿＿Ω 　实测值＿＿＿＿＿ 　判断 R208 检查结果　□正常　□不正常 　判断 R218 检查结果　□正常　□不正常	□已完成

知识拓展

实际维修中，为了提高维修效率，会采用替换法来快速判断，例如近光灯继电器与起动继电器为同一型号，只要近光灯能点亮，就可以用替换法来判断故障。

操作帮助

起动继电器检测

电磁继电器利用电磁铁控制工作电路的通断。电流通过电磁铁线圈产生磁场，从而对衔铁产生引力，使动、静触点接触，工作电路闭合；当断开低压开关时，线圈中的电流消失，衔铁在弹簧的作用下，使动、静触点脱开，工作电路断开。

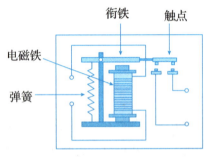

电磁继电器

2. 熔断器检测

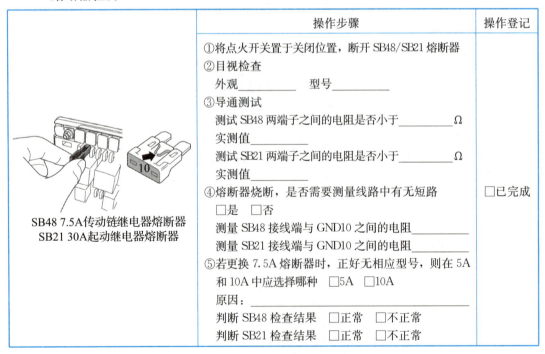

	操作步骤	操作登记
SB48 7.5A传动链继电器熔断器 SB21 30A起动继电器熔断器	①将点火开关置于关闭位置，断开 SB48/SB21 熔断器 ②目视检查 　外观_____　型号_____ ③导通测试 　测试 SB48 两端子之间的电阻是否小于_____Ω 　实测值_____ 　测试 SB21 两端子之间的电阻是否小于_____Ω 　实测值_____ ④熔断器烧断，是否需要测量线路中有无短路 　□是　□否 　测量 SB48 接线端与 GND10 之间的电阻_____ 　测量 SB21 接线端与 GND10 之间的电阻_____ ⑤若更换 7.5A 熔断器时，正好无相应型号，则在 5A 　和 10A 中应选择哪种　□5A　□10A 　原因：_____ 判断 SB48 检查结果　□正常　□不正常 判断 SB21 检查结果　□正常　□不正常	□已完成

汽车熔断器又称为保险丝，其主要作用是保护汽车线路，防止在出现短路、过载等情况下线路导线绝缘层发烟融化，点燃线束防护及周边塑料件，引起烧车。

常用的汽车熔断器有大电流熔断器、慢融熔断器、快融熔断器（低电流负载，也是整车上使用最多的）。

熔断器是温度敏感型零件，标定的额定容量是在 25℃ 环境温度条件下测得的。在车辆实际使用过程中，温度、湿度、振动等条件非常恶劣，为了保证熔断器在整个生命周期的可靠性，通常建议负载工作电流不超过熔断器额定容量的 75%。

操作帮助

起动熔断器检测

3. 起动系统跨接测试

	操作步骤	操作登记
SB22 40A 712 R 3.0　SB23　SB24 30A 262 Bl/Y 2.0 R218 409C G 0.5 12 W 3.0　15 R/Y　497 G/W 连接B+端子	①将点火开关置于关闭位置，断开 R218 继电器 ②在端子 87 和蓄电池 12V 电压之间安装一根 20A 保险丝＿＿＿＿＿＿＿＿ ③确认起动机转动　□有转动　□无转动　□转动慢 **注意：**跨接之前一定要先确认蓄电池电源电压正常、跨接电路中无短路、线圈电阻正常 判断跨接线路检查结果　□正常　□不正常 判断起动机检查结果　□正常　□不正常	□已完成

操作帮助

起动系统跨接测试

4. 供电电源检测

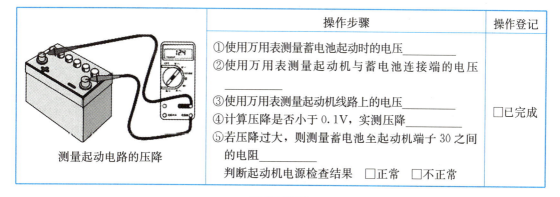

	操作步骤	操作登记
测量起动电路的压降	①使用万用表测量蓄电池起动时的电压＿＿＿＿＿＿＿ ②使用万用表测量起动机与蓄电池连接端的电压＿＿＿＿＿＿＿ ③使用万用表测量起动机线路上的电压＿＿＿＿＿＿＿ ④计算压降是否小于 0.1V，实测压降＿＿＿＿＿＿＿ ⑤若压降过大，则测量蓄电池全起动机端子 30 之间的电阻＿＿＿＿＿＿＿ 判断起动机电源检查结果　□正常　□不正常	□已完成

操作帮助

测量起动电路的压降

5. 起动系统电路测试

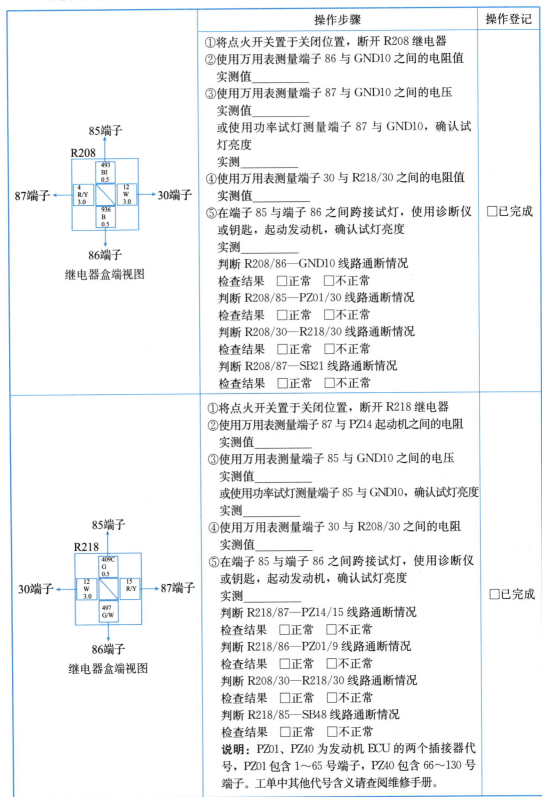

	操作步骤	操作登记
85端子 R208 493 Bl 0.5 87端子 ← 4 R/Y 3.0 ╱ 12 W 3.0 → 30端子 936 B 0.5 86端子 继电器盒端视图	①将点火开关置于关闭位置，断开 R208 继电器 ②使用万用表测量端子 86 与 GND10 之间的电阻值 　实测值_____ ③使用万用表测量端子 87 与 GND10 之间的电压 　实测值_____ 　或使用功率试灯测量端子 87 与 GND10，确认试灯亮度 　实测_____ ④使用万用表测量端子 30 与 R218/30 之间的电阻值 　实测值_____ ⑤在端子 85 与端子 86 之间跨接试灯，使用诊断仪或钥匙，起动发动机，确认试灯亮度 　实测_____ 　判断 R208/86—GND10 线路通断情况 　检查结果　□正常　□不正常 　判断 R208/85—PZ01/30 线路通断情况 　检查结果　□正常　□不正常 　判断 R208/30—R218/30 线路通断情况 　检查结果　□正常　□不正常 　判断 R208/87—SB21 线路通断情况 　检查结果　□正常　□不正常	□已完成
85端子 R218 409C G 0.5 30端子 ← 12 W 3.0 ╱ 15 R/Y → 87端子 497 G/W 86端子 继电器盒端视图	①将点火开关置于关闭位置，断开 R218 继电器 ②使用万用表测量端子 87 与 PZ14 起动机之间的电阻 　实测值_____ ③使用万用表测量端子 85 与 GND10 之间的电压 　实测值_____ 　或使用功率试灯测量端子 85 与 GND10，确认试灯亮度 　实测_____ ④使用万用表测量端子 30 与 R208/30 之间的电阻 　实测值_____ ⑤在端子 85 与端子 86 之间跨接试灯，使用诊断仪或钥匙，起动发动机，确认试灯亮度 　实测_____ 　判断 R218/87—PZ14/15 线路通断情况 　检查结果　□正常　□不正常 　判断 R218/86—PZ01/9 线路通断情况 　检查结果　□正常　□不正常 　判断 R208/30—R218/30 线路通断情况 　检查结果　□正常　□不正常 　判断 R218/85—SB48 线路通断情况 　检查结果　□正常　□不正常 **说明**：PZ01、PZ40 为发动机 ECU 的两个插接器代号，PZ01 包含 1～65 号端子，PZ40 包含 66～130 号端子。工单中其他代号含义请查阅维修手册。	□已完成

操作帮助

电路测试

提示： 测试时，优先选用合适的 T 形线。反复拔插继电器可能使插孔变大，从而导致接触不良。

6. 起动相关控制模块测试

	操作步骤	操作登记
	判断发动机控制模块（ECM） 检查结果　□正常　□不正常 判断车身控制模块（BCM） 检查结果　□正常　□不正常 判断无钥匙进入及起动（PEPS）模块 检查结果　□正常　□不正常 判断 DC/DC 转换器 检查结果　□正常　□不正常	□已完成

提示： 电子控制单元一般由输入回路、A/D 转换器、微型计算机和输出回路组成，其关联度高，判断是否有故障时，可以优先排除其他可能性，再推导判断。

🚗 **知识拓展**

在电动化、智能化的趋势下，汽车芯片行业发展迅速，借助本土品牌的渠道优势和性价比优势，目前在国内已有较大的市场占有率。随着我国在高端供应链中不断突破并掌握核心技术，本土品牌有望加速替代进口，如华为自研的麒麟990A芯片已经应用在汽车上。

（六）确认排除故障

故障确认和排除	1. 故障的确认	

	□元件损坏	请写明元件名称：	
	□线路故障	请写明线路区间：	
	□其他		

2. 故障点的排除处理说明

□更换	□维修	□调整

提示： 元件损坏一般以更换为主，线路故障则以维修为主。

（七）验证维修结果

发动机故障指示灯（MIL）	□正常　□不正常			
发动机起动及运转状况	□正常　□不正常	如勾选不正常，请判断		□起动机转速慢 □起动机不转 □起动机正常转
维修后DTC读取	□无DTC　　□有DTC：＿＿＿＿＿＿＿＿＿＿＿			
维修后数据读取	项目	数值	单位	判断
	发动机转速			□正常　□不正常
	蓄电池电压			□正常　□不正常
	钥匙/PEPS信号			□正常　□不正常
	挡位信号			□正常　□不正常
	刹车信号			□正常　□不正常
	防盗控制			□正常　□不正常

提示：（1）当排除故障后，维修质检，查阅故障码和数据流。若出现新的故障现象，则跳回第一步再次按照流程排除故障，直至全部正常。

（2）在清洁整理环节，将检修过程中替换的损坏零部件、废油料、垃圾等进行分类，保护环境。

（八）维修任务拓展

起动系统的常见故障主要有起动机不转、起动无力、空转、打滑等。本任务是根据起动机不转制定的检修流程，请大家根据本任务学习的成果，课后单独制定起动无力或空转故障检修流程。

任务
选择1　起动无力 （1）故障现象：点火开关调至STA挡时，起动机能够带动发动机转动，但转速过低甚至转动后立刻停止。 （2）原因分析：起动机能运转，说明控制电路工作正常，但起动机运转无力，说明带负载能力低，实际输出功率减小。例如，蓄电池电量不足、导线接触不良或电阻过大、发动机曲轴过紧、起动机本身问题等，其中起动机本身问题可能是换向器烧蚀、电刷磨损过度、弹簧弹力不够、励磁绕组局部短路、电磁开关接触盘故障、轴承过紧或过松等。

续表

选择 2　起动机空转
（1）故障现象：点火开关调至 STA 挡时，起动机能够转动，但无法与飞轮齿圈啮合。 （2）原因分析：例如，单向离合器打滑或者损坏、拨叉与电磁开关连接处脱开、啮合弹簧折断或太软、飞轮齿圈缺齿、电磁开关行程调整不当或太短、主动齿轮没有啮合或滑脱。

📑 素养悦读之中国汽车技术

用新技术重新定义车身控制

2023 年 4 月 10 日，比亚迪发布全球首个新能源专属智能车身控制系统——云辇。云辇智能车身控制系统由比亚迪全栈自研，这也标志着比亚迪成为首个自主掌握智能车身控制系统的中国车企。

"云辇"出自《魏书》，命名灵感源于中国古代的帝王座驾"辇"。"云"象征着以智能化技术创造更轻盈平稳的驾乘体验，源自古代对出行的极致追求，融合当代先进科技，"云辇"重新定义"中式新豪华"。

云辇－C 智能阻尼车身控制系统，实现车辆舒适性和运动性的完美兼容。云辇－A 智能空气车身控制系统，让整车具备极致的舒适性、支承性与通过性。云辇－P 智能液压车身控制系统，能够实现超高举升、四轮联动、露营调平等超强越野功能。云辇－P 将首搭仰望 U8；云辇－A 将首搭腾势 N7；云辇－C 硬件已搭载在比亚迪汉、唐及腾势 D9 三款车型的部分配置版本上，后续将通过 OTA 陆续升级为云辇－C 系统。

云辇的推出，是比亚迪继刀片电池、CTB、易四方之后的又一安全技术突破。搭载云辇－X 技术的仰望 U9 展现了全主动车身控制技术，可实现"0"侧倾、"0"俯仰、三轮行驶、车辆跳舞与原地起跳等高阶功能，代表了全球车身控制系统的最高水平。

比亚迪始终秉持"技术为王，创新为本"的发展理念，不断创新，推动中国新能源汽车发展向更高层次迈进，用技术创新满足人们对美好生活的向往。

资料来源：刘牧平．比亚迪发布云辇系统，用新技术重新定义车身控制．新华网，2023－04－11．有删改．

学习评价

学习活动一　维修基础评价

班级		姓名		学号		日期		
序号	评价内容			配分	得分		层级	
1	能正确叙述起动机不工作的故障现象			5				
2	掌握起动机的功用、组成、类型			5				
3	理解起动机的工作原理			10				
4	能正确识读起动系统电路图			10				
5	能查阅维修手册，正确识别起动系统部件位置			5				
6	能根据维修手册正确分解起动机			5				
7	能根据维修手册正确检修起动机零部件			10				
8	能根据维修手册正确测试起动机总成			10				
9	能正确使用工具、量具、仪器等完成操作任务			5			□A档（90～100分） □B档（76～89分） □C档（60～75分） □D档（60分以下）	
10	能根据维修手册分析故障原因，并在教师的帮助指导下完成起动机不工作故障维修方案的制定			5				
11	遵守课堂纪律，积极接受任务，肯吃苦，会钻研			5				
12	时刻牢记安全第一，践行 7S 理念			5				
13	积极参与课堂讨论，发挥团队合作及创新精神			5				
14	在遇到困难时，不放弃，会思考，敢问询			5				
15	及时完成老师布置的任务及工单填写			10				
总分				100				
个人 学习小结								

学习活动二　故障检修评价

班级		姓名		学号		日期		
序号	评价内容				配分	得分	层级	
1	能正确使用诊断仪读取故障码、数据流				5			
2	能合理使用诊断仪进行动作测试				5			
3	能正确查阅、使用维修手册				10			
4	能根据维修手册分析故障范围				10			
5	能根据教师和企业师傅的指导，正确排定检测顺序				5			
6	能根据维修手册正确测量起动系统部件				5			
7	能根据维修手册正确测量起动系统线路				10		□A档（90～100分）	
8	能根据维修手册正确维修故障点				10		□B档（76～89分）	
9	能正确使用工具、量具、仪器等完成操作任务				5		□C档（60～75分）	
10	能在排除故障后进行维修质检验证				5		□D档（60分以下）	
11	遵守课堂纪律，积极接受任务，肯吃苦，会钻研				5			
12	时刻牢记安全第一，践行 7S 理念				5			
13	积极参与课堂讨论，发挥团队合作及创新精神				5			
14	在遇到困难时，不放弃，会思考，敢问询				5			
15	及时完成老师布置的任务及工单填写				10			
总分					100			
个人学习小结								

学习任务评价表

班级				姓名			学号				
评价内容	自我评价（20%）			小组评价（30%）			教师评价（20%）			企业评价（30%）		
	10～8	7～4	3～1	10～8	7～4	3～1	10～8	7～4	3～1	10～8	7～4	3～1
学习活动一												
学习活动二												
课堂纪律												
团队合作												
表达能力												
动手能力												
反思能力												
工作态度												
安全意识												
总分												
任务总结												

发动机缺缸故障的检修

2

任务概述

本任务来源于校企合作厂真实的故障案例，围绕发动机缺缸故障检修展开。通过明任务、制计划、定方案、排故障、验质量、拓任务这一完整的流程，学生能够学会不同类型故障的检修方法，具备处理不同类型发动机缺缸故障的能力，按照汽车维修企业的实际工作流程实施任务。另外，在完成任务的过程中相互协作，树立使用工具、设备的安全意识，养成良好的职业素养。

学习目标

知识目标：掌握电控点火系统组成、火花塞与喷油器结构和工作原理。

掌握识读点火系统电路图的方法。

技能目标：能根据维修手册分析故障原因，并完成维修方案的制定。

能根据微课视频、维修手册正确拆装、检修、测试火花塞及喷油器。

能正确使用工具、量具、仪器等完成发动机气缸压力的测量，排除缺缸故障。

素养目标：通过项目教学激发学习兴趣，从成功排除故障中获得成就感和专业认同感。

建议学时

16 学时

学习活动一　　维修基础

学习目标

知识目标：掌握电控点火系统的组成和工作原理、火花塞的结构、喷油器的结构与工作原理、气缸压力的测量分析方法。

掌握识读点火控制系统电路图的方法。

技能目标：能根据维修手册分析故障原因，并完成维修方案的制定。

能根据微课视频、维修手册正确认识故障现象。

能根据微课视频、维修手册正确测试气缸压力。

素养目标：在试错、讨论中培养自我学习能力，在小组合作完成方案制定中培养团队合作精神。

学习准备

工具：通用拆装工具、气缸压力表、气枪、跨接线。

材料：零部件、保险丝、机油、清洁与安全耗材。

仪器：诊断仪、示波器、汽车烟雾测漏仪等。

资料：维修手册、一体化参考书等。

典型案例引入

案例：一辆哈弗 M6 PLUS 汽车，行驶里程 7.5 万千米，客户早上起动汽车时发现发动机抖动厉害，加速无力，故障指示灯点亮。开到维修店，经维修人员检查，发现是发动机缺缸故障，需进一步对电控点火系统的部件和电路进行检测，以确定故障部位，便于维修或更换。客户要求尽快交车，现要求你与同事合作，在规定时间内完成故障的排除。（本案例由余姚柯信快修童文柯师傅提供）

为了与实际工作相吻合，同时使学习任务更加具有拓展性，本任务在两辆哈弗 M6 PLUS 汽车上设置了故障现象相同的不同故障点。

确认故障现象

发动机故障指示灯（MIL）	□正常 □不正常		
发动机起动状况	□正常 □不正常	如勾选不正常，请判断	□难起动 □无法起动
怠速运转状况	□正常 □不正常	如勾选不正常，请判断	□怠速抖动 □转速过高 □转速过低
其他（如果有）			

维修理论基础

发动机靠燃油产生动力，燃烧离不开三要素——可燃混合气、_____、足够的点火能量，发动机内部燃烧时可燃混合气通过气门和喷油器进入燃烧室，火花塞点燃可燃混合气使发动机做功。

操作帮助

确认故障现象

（一）电控点火系统

1. 电控点火系统的结构

电控点火系统主要由蓄电池、点火开关、点火模块和火花塞等组成。对照图2-1填写电控点火系统各组成部分名称。

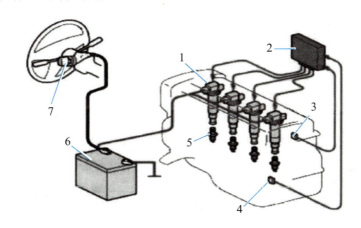

图2-1 电控点火系统结构图

1—_____；2—_____；3—_____；4—_____；
5—_____；6—_____；7—_____。

2. 电控点火系统的工作原理

发动机工作时，ECU根据接收到的各传感器信号，按存储器中存储的有关程序和数据，确定出最佳点火提前角和_____，并以此向点火器发出指令。点火器根据指令，控制_____初级电路的导通和截止。当电路导通时，有电流从点火线圈中的初级电路通过，点火线圈将点火能量以磁场的形式储存起来。当初级电路被切断时，次级线圈中产生很高的感应电动势（_____），经分电器或高压线直接送至工作气缸的火花塞。火花塞将点火高压引入气缸燃烧室，并在电极的间隙之间产生电火花，点燃混合气。

3. 电控点火系统的控制分析

电控点火系统的控制功能主要包括点火提前角的控制、通电时间的控制及爆燃的控制三个方面。

（1）点火提前角的控制。

如图 2-2 所示，点火提前角过大，大部分混合气在压缩过程中燃烧，活塞所消耗的压缩功增加，缸内最高压力升高，末端混合气自燃所需的时间缩短，爆燃倾向增大；点火提前角过小，燃烧延长到膨胀过程，燃烧最高压力和温度降低，传热损失增多，排气温度升高，功率、热效率降低，但爆燃倾向减小，NO_x 排放降低。实验证明，最佳的点火提前角应使发动机气缸内的最高压力出现在上止点后 $10°\sim15°$。

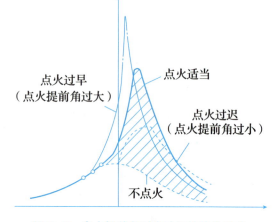

图 2-2　点火提前角对发动机性能的影响

练一练：将表 2-1 补充完整。

表 2-1　最佳点火提前角确定依据

发动机转速	点火提前角应随着发动机转速的升高而增大
发动机负荷	随负荷的减小，应_____点火提前角；反之，应_____点火提前角
油辛烷值	辛烷值越高，抗爆性越好，点火提前角可适当_____；反之，应_____
其他因素	还应考虑燃烧室形状、燃烧室内温度、空燃比、大气压力、冷却液温度等

发动机起动时的点火提前角是固定的，一般为 $10°$ 左右，与发动机工况无关。实际的点火提前角计算公式为：实际点火提前角＝初始点火提前角＋基本点火提前角＋修正点火提前角。

图 2-3 所示为点火脉谱图。发动机冷起动时，电控单元不进行最佳点火提前角调整控制，而是根据发动机的转速和起动开关信

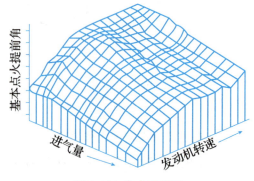

图 2-3　点火脉谱图

号以固定不变的点火提前角点火；当发动机的转速超过一定值时，自动转入由 ECU 控制的最佳点火提前角计算及控制程序；发动机起动后怠速运转时，ECU 根据 IDL 信号、Ne 信号和 A/C 信号确定基本点火提前角。点火提前角的修正主要有冷却液温度修正、怠速稳定修正和空燃比反馈修正等。

（2）通电时间的控制。

传统汽油机点火系统点火线圈初级电路的通电时间取决于断电器触点的闭合角和发动机转速。对一般的发动机而言，断电器触点的闭合角是一定的，通电时间随发动机转速的提高而缩短；而现代电控点火系统点火线圈初级电路的通电时间由 ECU 控制，ECU 根据发动机的转速信号和电源电压信号确定最佳的闭合角（通电时间），并向点火器输出指令信号（IGT 信号），以控制点火器中晶体管的导通时间。

（3）爆燃的控制。

爆燃会导致冷却液过热，功率下降，耗油率上升，推迟点火（即减小点火提前角）是消除爆燃最有效的措施。在电控点火系统中，ECU 根据爆燃传感器信号，判定有无发生爆燃及爆燃的强度，并根据其判定结果对点火提前角进行反馈控制，使发动机处于爆燃的边缘。

4. 电控点火系统的结构部件

（1）点火模块。

点火装置的核心部件是点火模块（见图 2-4）和开关装置。提高点火模块的能量，火花塞就能产生足够能量的火花，这是点火装置适应现代发动机运行的基本条件。

点火模块能将车上的低压电变成高压电，是由于其有与普通变压器相同的形式，初级线圈与次级线圈的匝数比大。但点火模块的工作方式与普通变压器不一样，普通变压器又称为工频变压器，其工作频率是固定的 50Hz；点火模块则是以脉冲形式工作的，可以看成脉冲变压器，它根据发动机的不同转速以及频率反复进行储能及放能。

图 2-4 点火模块

团队阶段任务：		
每组派代表来补充点火线圈的工作原理，展示形式可以是视频、课件、图片、实物等		
你所在的小组是否完成任务	阶段得分	教师签字
□完成 □未完成		

（2）火花塞。

火花塞是汽油机点火系统中将高压电流引入气缸中产生电火花，以点燃可燃混合气的

部件。

对照图 2-5 填写火花塞组成部分名称。

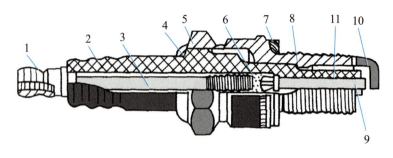

图 2-5　火花塞的结构

1—_____；2—_____；3—_____；4—_____；5—_____；
6—_____；7—_____；8—_____；9—_____；10—_____

火花塞的常见损坏形式见表 2-2。

表 2-2　火花塞的常见损坏形式

火花塞电极磨损	长期使用或使用不当会导致电极磨损，与中心电极之间的距离增大，影响点火
火花塞电极积炭	燃烧室内的油渣和杂质会在火花塞上积炭，导致电极间的间隙减小，影响点火
火花塞绝缘破裂	发动机振动或者不正确的安装会使火花塞绝缘破裂，导致火花塞失去点火能力
火花塞腐蚀	在潮湿或者腐蚀性环境下，火花塞的金属部分可能会被腐蚀，导致点火效果下降

　知识拓展

　　在市场上常见的火花塞电极材质有铜、镍合金、铂金、铱金四种，其中铂金和铱金普遍称为贵金属，金属导电性能从左到右依次增高，即铜＜镍合金＜铂金＜铱金；点火需要的电压从左到右依次降低，即铜＞镍合金＞铂金＞铱金。所以贵金属火花塞对于发动机的负荷更小，有利于降低油耗，使用寿命也更长，但是价格也随着性能增强而增加。

　　热值是火花塞受热和散热能力的一个指标，火花塞所受热量的散发量称为热值。热值包含 9 个档次，其中 1~3 为低热值，4~6 为中热值，7~9 为高热值。火花塞的原厂热值决定了它的工作环境温度，火花塞对工作环境温度要求非常高，火花塞散热不能太大也不能太小，为了确保火花塞的正常工作，其热值应与原厂热值相匹配。

（二）燃油供给系统主要部件

　　燃油供给系统是燃料供给系统的最主要的组成部分。目前，普通燃油供给系统主要包括燃油箱、燃油泵、燃油滤清器、燃油分配管、喷油器等，如图 2-6 所示，部分车型将燃油压力调节器和回油管集成到燃油泵内。

　　燃油分配管将燃油均匀、等压地输送给各缸喷油器，有_____、减缓油压脉动的作用。

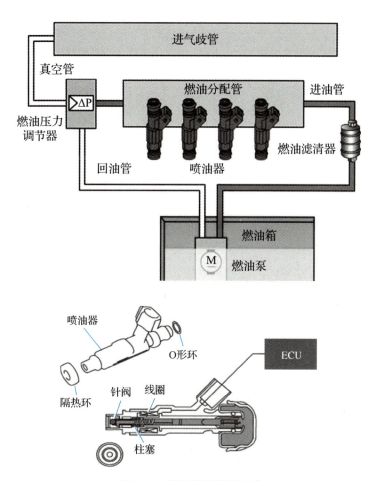

图 2-6　普通燃油供给系统

　　喷油器按喷油口结构不同可分为轴针式、孔式；按线圈电阻值可分为高阻（13~16Ω）、低阻（_____）。在非工作状态下，喷油器的弹簧将针阀组件紧压在阀座上，封住喷油口。在工作状态下，当 ECU 驱动喷油器工作时，电磁线圈通电产生电磁力，将针阀组件吸起，针阀组件脱离阀座组件，燃油经喷油孔雾化喷出。当喷油脉冲截止时，回位弹簧的压力使针阀复位关闭，喷油器停止喷油。喷油器的常见故障形式见表 2-3。

表 2-3　喷油器的常见故障形式

喷油器堵塞	导致燃油无法正常喷射，堵塞通常是由沉积物或者杂质等堵塞喷油孔引起的
喷油器漏油	喷油器密封不良或损坏会导致燃油泄漏
喷油器喷射不均匀	喷油器喷孔不同程度地堵塞、喷射角度不正确或喷射压力不稳定引起喷射不均匀，导致某些气缸燃烧不充分或过度燃烧
喷油器电磁阀故障	电磁线圈损坏、电磁阀堵塞或电磁阀电路故障，导致喷油器无法正常工作

续表

喷油器喷油量 过大或过小	喷油器的喷油孔大小不正确、喷射压力调节不准确或电磁阀控制不准确，导致燃油供应不正常

（三）发动机气缸压力

气缸的密封性能决定发动机技术状况的好坏，可以通过检测气缸压力来判断_____性能的好坏。根据《道路运输车辆综合性能要求和检验方法》的规定，在用汽车发动机各气缸压力应不小于原设计值的_____，汽油机每缸压力与各缸压力差应不大于 8%，柴油机不大于 10%，所以需要进行气缸压力检测来检验其性能。

水冷式发动机的气缸体和曲轴箱常铸成一体，称为_____。气缸体（见图 2-7）上半部有若干个为活塞运动导向的圆柱形空腔，称为气缸。下半部为支承曲轴的曲轴箱，其内腔为曲轴运动的空间。气缸体是发动机各个机构和系统的装配基体，活塞在其中作高速往复运动，还要承受高温高压气体的作用力，因此气缸体应具有足够的刚度和强度。气缸内壁经过精加工，其工作表面的粗糙度、形状和尺寸精度都比较高。

图 2-7 发动机的气缸体

活塞环在高温、高压、高速以及润滑困难的条件下工作。它的运动情况很复杂，一方面与缸壁间有相对高速的滑动摩擦，以及由于环的胀缩而产生的环与环槽侧面相对的摩擦；另一方面，存在活塞环对活塞环槽侧面的上下撞击。高温使活塞环的弹力下降，润滑性变差，尤其第一道环工作条件最为恶劣。故活塞环是发动机所有零件中工作寿命最短的。

气缸盖与气缸体之间置有气缸盖衬垫（简称缸垫），其功用是填补缸体与缸盖接合面上的微观孔隙，保证接合面处有良好的密封性，保证燃烧室的密封性，防止气缸漏气和水套漏水。

（四）哈弗汽车点火与喷油电路

小试身手：图 2-8 所示是哈弗 M6 PLUS 汽车点火、喷油电路图。查阅维修手册，分析哈弗 M6 PLUS 汽车点火、喷油电路工作过程。

学习任务二　发动机缺缸故障的检修

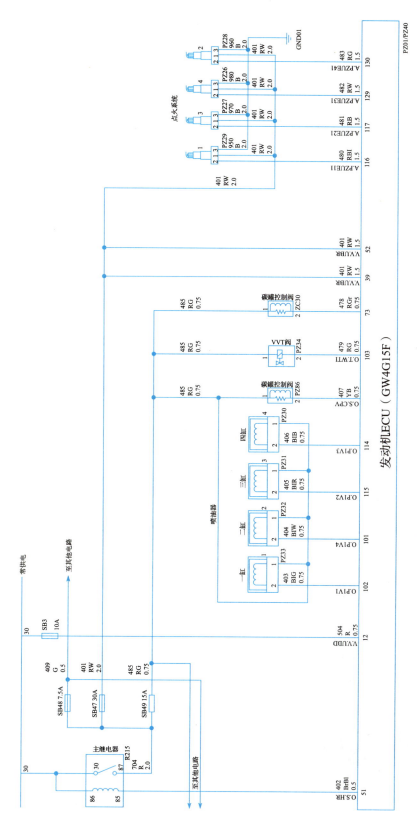

图 2-8　哈弗 M6 PLUS 汽车点火、喷油电路图

资料来源：长城汽车公司哈弗 M6 PLUS 汽车维修手册.

39

（五）哈弗实车认知

看图填写部件名称，并写清楚部件在实车中的具体位置。

（1）_____，部件位置在_____。

（2）_____，部件位置在_____。

（3）_____，部件位置在_____。

（4）_____，部件位置在_____。

（5）_____，部件位置在_____。

维修实操基础

完成气缸压力检测与分析，并填写工单。

	操作步骤	操作登记
	①清洁整理工位，检查车辆基础油液，放置三件套 ②检查蓄电池电量，保证蓄电池电量充足 ③检查燃油滤清器，保证燃油滤清器清洁、畅通 ④起动发动机并运转到正常的工作温度（冷却液的温度维持在85～95℃）	□已完成
	⑤拔掉燃油泵保险丝，断开所有喷油器插接器，确保燃油系统不工作 ⑥断开所有点火线圈插接器 ⑦使用套筒工具拆卸点火线圈 ⑧使用气枪清洁火花塞附近 ⑨使用专用套筒拆卸火花塞	□已完成

续表

	操作步骤	操作登记
	⑩组装气缸压力表并校零 ⑪把螺纹管接头拧在火花塞孔上，也可以把气缸压力表的锥形橡胶接头压紧在被测缸的火花塞孔内 ⑫踩下加速踏板使节气门全开 ⑬转动点火开关，使起动机运转3～5s，待气缸压力表保持最大压力后停止	□已完成
	⑭记录数据后，按下单向阀按钮，进行排气降压使指针回位清零 ⑮再次测量气缸压力，每个缸测量次数不少于两次，取其平均值 ⑯测量结束后，清洁整理工位	□已完成

操作帮助

气缸压力检测与分析

测量结果填入下表。

气缸	测量值	标准值	测量值与标准值的差值	任意两缸间的压力差值
1缸				
2缸				
3缸				
4缸				

（1）测得的结果高于维修手册标准值，说明气缸垫过薄、缸体和缸盖接合面经过多次维修消磨过多或燃烧室内积炭过多。

（2）测得的结果低于维修手册标准值，说明气缸密封性变差，可向该火花塞孔内注入20～30mL机油，然后再次测量该缸气缸压力。

（3）若第二次测得的结果比第一次高，或接近标准压力，则可以判断为活塞、缸筒等曲柄连杆机构磨损造成气缸密封不严。

（4）若第二次测得的结果与第一次略同，即仍低于标准压力，则可以判断为气门或气缸垫密封不良。

（5）若相邻两气缸的压力值偏低，则判断为气缸垫密封不良。

气缸压力不足的故障原因如下：

（1）活塞环磨损，导致气缸与活塞之间密封不良。

（2）活塞、气缸壁磨损，导致气缸与活塞之间密封不良。

（3）气门间隙过大，导致气门与气门座之间密封不良。

（4）气缸盖密封不良，导致气缸与气缸盖之间密封不良。

（5）气缸头磨损，导致气缸与气缸盖之间间隙变大。

🚗 知识拓展

　　汽车烟雾测漏仪主要用于检查汽车各部位的密封情况，可实现所有漏气问题的可视化。汽车烟雾测漏仪主要由烟雾发生主机、烟雾发生液、烟雾导管、进气口适配器（包括万用锥形进气口适配器、万用小气囊及燃油箱盖适配器等）及堵头套件等部件组成。烟雾发生主机经过烟雾导管和进气口适配器将一定量的烟雾充入被测系统，通过观察烟雾冒出的位置判断系统是否存在泄漏以及查找出具体的泄漏位置。泄漏的测试步骤如下：

汽车烟雾测漏仪

（1）将10~20mL测试油注入烟雾测漏仪；

（2）打开需要与烟雾测漏仪连接的管道；

（3）将进气口适配器安装到密封好的管道，连接设备导烟管；

（4）将烟雾测漏仪与DC 12V蓄电池连接，设备开始工作；

（5）管道会充满烟雾，检查泄漏点。

🚗 制订维修计划

（一）分析故障鱼骨图

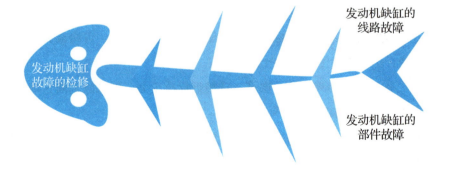

发动机缺缸的
线路故障

发动机缺缸
故障的检修

发动机缺缸的
部件故障

（二）设计维修方案

根据验证的故障现象，设计维修方案，写出方案的具体步骤。

步骤 1	
步骤 2	
步骤 3	
步骤 4	
步骤 5	
步骤 6	
步骤 7	
步骤 8	
步骤 9	
步骤 10	
步骤 11	
步骤 12	
补充步骤	

（三）绘制诊断流程

学习活动二　　　故障检修

学习目标

知识目标： 掌握维修工单的填写与修正。

技能目标： 能根据微课视频、维修手册正确使用工具、量具、仪器等完成缺火故障的检修。

　　　　　　能通过视频和图片展示交流、反思检修过程、提出改进建议。

素养目标： 激发兴趣，从中获得成就感和专业认同感。

　　　　　　通过项目教学，培养专业素养和劳动意识。

学习准备

工具： 通用拆装工具、内饰撬棒、量具（游标卡尺、塞尺、万用表）、试灯、跨接线。

材料： 零部件、保险丝、清洁与安全耗材。

仪器： 诊断仪、示波器等。

资料： 维修手册、一体化参考书等。

操作过程

（一）读取故障码和数据流

发动机 DTC	□无 DTC　□有 DTC：_____			
	项目	数值	单位	判断
起动后动态数据流	发动机转速			□正常　□不正常
	蓄电池电压			□正常　□不正常
	进气压力			□正常　□不正常
	1 缸缺火计数			□正常　□不正常
	2 缸缺火计数			□正常　□不正常
	3 缸缺火计数			□正常　□不正常
	4 缸缺火计数			□正常　□不正常
	喷油脉宽			□正常　□不正常
				□正常　□不正常
				□正常　□不正常

知识拓展

发动机电控单元（ECU）利用来自曲轴位置传感器和凸轮轴位置传感器的信息来确定何时发生发动机气缸缺火。发动机电控单元通过监测各气缸曲轴转速的变化，可以检测各个气缸缺火事件。气缸极度缺火事件可能造成三元催化转换器损坏。DTC P0301～P0304 对应于气缸 1～4。当发动机电控单元检测到一个或多个特定气缸缺火时，将针对缺火的气缸设置对应的 DTC，并且停用 2 个相应的喷油器至少 30s。然后，发动机电控单元将在发动机运转约 200 转后重新启用喷油器，并确定是否仍然缺火。如果仍然缺火，则发动机电控单元将再次停用喷油器，并重复该程序。

操作帮助

读取故障码和数据流

（二）选用动作测试

本次任务是否选用动作测试？	□选用	□不选用
如不选用动作测试，请说明原因。		
如选用动作测试，请勾选相应系统 □发动机系统动作测试　□变速器系统动作测试　□制动系统动作测试　□车身电气系统动作测试		

（三）分析故障范围

		□可能	□不可能
		□可能	□不可能
确定故障范围		□可能	□不可能
		□可能	□不可能
		□可能	□不可能
		□可能	□不可能

提示：（1）确定故障范围时，尽可能多地列举可能的内容。

（2）列举内容划定为不可能时，需写明判断的依据。

（四）排定先后顺序

部件检测顺序	线路检测顺序
1.	1.
2.	2.
3.	3.
4.	4.
5.	5.
6.	6.

提示：排定检测顺序时要充分考虑部件和线路在实车上的位置和实际检测维修的难易程度。建议将查看维修手册和观察实车相结合，也可先咨询指导教师或企业师傅。

（五）检查测量过程

完成工单的填写，请根据故障范围选择相应的内容和顺序。

1. 点火电路检测

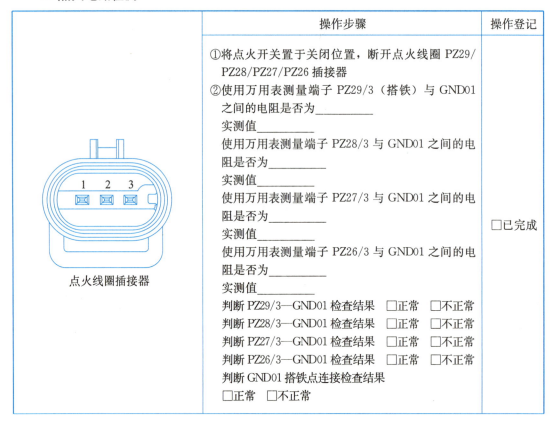

	操作步骤	操作登记
点火线圈插接器	①将点火开关置于关闭位置，断开点火线圈 PZ29/PZ28/PZ27/PZ26 插接器 ②使用万用表测量端子 PZ29/3（搭铁）与 GND01 之间的电阻是否为_____ 实测值_____ 使用万用表测量端子 PZ28/3 与 GND01 之间的电阻是否为_____ 实测值_____ 使用万用表测量端子 PZ27/3 与 GND01 之间的电阻是否为_____ 实测值_____ 使用万用表测量端子 PZ26/3 与 GND01 之间的电阻是否为_____ 实测值_____ 判断 PZ29/3—GND01 检查结果　□正常　□不正常 判断 PZ28/3—GND01 检查结果　□正常　□不正常 判断 PZ27/3—GND01 检查结果　□正常　□不正常 判断 PZ26/3—GND01 检查结果　□正常　□不正常 判断 GND01 搭铁点连接检查结果 □正常　□不正常	□已完成

续表

	操作步骤	操作登记
	③使用万用表测量端子 PZ29/1（电源）与 GND01 　之间的电压是否为_____ 　实测值_____ 　或使用功率试灯（先校准）确认线路亮度 　□正常　□不正常 　测量端子 PZ28/1 与 GND01 之间的电压是否为_____ 　实测值_____ 　或使用功率试灯确认线路亮度　□正常　□不正常 　测量端子 PZ27/1 与 GND01 之间的电压是否为_____ 　实测值_____ 　或使用功率试灯确认线路亮度　□正常　□不正常 　测量端子 PZ26/1 与 GND01 之间的电压是否为_____ 　实测值_____ 　或使用功率试灯确认线路亮度　□正常　□不正常 　判断 PZ29/1—SB47 检查结果　□正常　□不正常 　判断 PZ28/1—SB47 检查结果　□正常　□不正常 　判断 PZ27/1—SB47 检查结果　□正常　□不正常 　判断 PZ26/1—SB47 检查结果　□正常　□不正常 ④跨接线束，用示波器检测点火线圈 PZ29/PZ28/ 　PZ27/PZ26－2（控制）的点火波形	

每格电压：　　　V　　每格时间：　　　ms

⑤使用万用表测量 PZ29/1—PZ40/116 线路两端与搭
　铁之间有无短路
　实测值　□无穷大　□有短路
　使用万用表测量 PZ28/1—PZ40/130 线路两端与搭
　铁之间有无短路
　实测值　□无穷大　□有短路
　使用万用表测量 PZ27/1—PZ40/117 线路两端与搭
　铁之间有无短路
　实测值　□无穷大　□有短路
　使用万用表测量 PZ26/1—PZ40/129 线路两端与搭
　铁之间有无短路
　实测值　□无穷大　□有短路
　判断 PZ29/1—PZ40/116 线路

续表

	操作步骤	操作登记
	检查结果　□正常　□不正常	
	判断 PZ28/1—PZ40/130 线路	
	检查结果　□正常　□不正常	
	判断 PZ27/1—PZ40/117 线路	
	检查结果　□正常　□不正常	
	判断 PZ26/1—PZ40/129 线路	
	检查结果　□正常　□不正常	

操作帮助

点火电路检测

2. 熔断器检测

	操作步骤	操作登记
熔断器	①将点火开关置于关闭位置，断开 SB49/SB47 熔断器 ②目视检查：外观_____　型号_____ ③导通测试 　测试 SB49 两端子之间的电阻是否小于_____Ω 　实测值_____ 　测试 SB47 两端子之间的电阻是否小于_____Ω 　实测值_____ 　判断 SB49 检查结果　□正常　□不正常 　判断 SB47 检查结果　□正常　□不正常 ④熔断器 SB47 烧断，需要测量线路中有无短路 　使用万用表测量 PZ29/1—SB47 线路两端与搭铁之间有无短路 　实测值　□无穷大　□有短路 　使用万用表测量 PZ28/1—SB47 线路两端与搭铁之间有无短路 　实测值　□无穷大　□有短路 　使用万用表测量 PZ27/1—SB47 线路两端与搭铁之间有无短路 　实测值　□无穷大　□有短路 　使用万用表测量 PZ26/1—SB47 线路两端与搭铁之间有无短路 　实测值　□无穷大　□有短路 ⑤熔断器 SB49 烧断，需要测量线路中有无短路 　使用万用表测量 PZ33/1—SB49 线路两端与搭铁之间有无短路 　实测值　□无穷大　□有短路	□已完成

续表

	操作步骤	操作登记
	使用万用表测量 PZ32/1—SB49 线路两端与搭铁之间有无短路 实测值 □无穷大 □有短路 使用万用表测量 PZ31/1—SB49 线路两端与搭铁之间有无短路 实测值 □无穷大 □有短路 使用万用表测量 PZ30/1—SB49 线路两端与搭铁之间有无短路 实测值 □无穷大 □有短路	

提示：操作视频参考学习任务一中的"起动熔断器检测"。

3. 点火部件检测

	操作步骤	操作登记
 点火线圈	①将缺火气缸的点火线圈与正常气缸的点火线圈互换 ②查看诊断仪中有关缺火气缸的数据流是否转移 　缺火数据流 □转移 □未转移 ③（卸下插接器）将数字万用表调到欧姆挡，万用表两表笔分别接点火线圈端子 1 和 2，检测点火线圈电阻，常温阻值为 0.5～0.64Ω 　实测值＿＿＿＿＿ 　判断点火线圈 PZ29 部件检查结果 　□正常 □不正常 　判断点火线圈 PZ28 部件检查结果 　□正常 □不正常 　判断点火线圈 PZ27 部件检查结果 　□正常 □不正常 　判断点火线圈 PZ26 部件检查结果 　□正常 □不正常 ④拆卸火花塞 　目视检查：外观＿＿＿＿＿ 型号＿＿＿＿＿ 　使用塞尺测量火花塞电极间隙是否为＿＿＿＿＿ 　实测值＿＿＿＿＿ ⑤跳火试验 　断开喷油器插接器，连接正常的点火线圈和待检测的火花塞，距离搭铁点 5mm 左右，转动钥匙开关至起动挡 　确认有无火花 □有 □无 　火花强弱 □正常 □不正常 　判断 1 缸火花塞检查结果 □正常 □不正常 　判断 2 缸火花塞检查结果 □正常 □不正常 　判断 3 缸火花塞检查结果 □正常 □不正常 　判断 4 缸火花塞检查结果 □正常 □不正常	□已完成

提示：（1）点火线圈橡胶接杆末端涂有油脂，有利于点火线圈与火花塞之间的装配，请不要随意清除。

操作帮助

点火部件检测

（2）更换火花塞时，请不要将橡胶接杆与本体分离，否则再次安装时可能会导致密封性能下降。再次安装时请清除橡胶接杆下端内部的杂质和油污，保持接杆内部干净并重新涂上油脂。

（3）维修过程禁止用"短路试火法"测试点火功能，以免损坏电子控制器。

（4）使用过程中请不要在通电的情况下徒手将点火线圈从火花塞上拆卸下来。

4. 喷油器电路检测

	操作步骤	操作登记
喷油器	①拔插喷油器插接器，查看故障现象是否变得更加严重，并用手触摸喷油器外表，应能感受到喷油器因开闭而产生的振动，用触杆式听诊器还能听到喷油器工作的声音 ②将点火开关置于关闭位置，断开喷油器 PZ33/PZ32/PZ31/PZ30 插接器 ③使用万用表测量端子 PZ33/1（电源）与 GND01 之间的电压是否为_____ 实测值_____ 或使用功率试灯（先校准）测量线束，确认亮度 □正常　□不正常 使用万用表测量端子 PZ32/1 与 GND01 之间的电压是否为_____ 实测值_____ 或使用功率试灯确认线束亮度 □正常　□不正常 使用万用表测量端子 PZ31/1 与 GND01 之间的电压是否为_____ 实测值_____ 或使用功率试灯确认线束亮度 □正常　□不正常 使用万用表测量端子 PZ30/1 与 GND01 之间的电压是否为_____ 实测值_____ 或使用功率试灯确认线束亮度 □正常　□不正常 判断 PZ33/1—SB49 检查结果　□正常　□不正常 判断 PZ32/1—SB49 检查结果　□正常　□不正常 判断 PZ31/1—SB49 检查结果　□正常　□不正常 判断 PZ30/1—SB49 检查结果　□正常　□不正常	□已完成

续表

操作步骤	操作登记
④跨接线束，用示波器检测喷油电路 PZ33/PZ32/PZ31/PZ30-2（信号）的波形 每格电压： V 每格时间： ms ⑤使用万用表测量 PZ33/2—PZ40/102 线路两端与搭铁之间有无短路 实测值 □无穷大 □有短路 使用万用表测量 PZ32/2—PZ40/101 线路两端与搭铁之间有无短路 实测值 □无穷大 □有短路 使用万用表测量 PZ31/2—PZ40/115 线路两端与搭铁之间有无短路 实测值 □无穷大 □有短路 使用万用表测量 PZ30/2—PZ40/114 线路两端与搭铁之间有无短路 实测值 □无穷大 □有短路 判断 PZ33/2—PZ40/102 线路 检查结果 □正常 □不正常 判断 PZ32/2—PZ40/101 线路 检查结果 □正常 □不正常 判断 PZ31/2—PZ40/115 线路 检查结果 □正常 □不正常 判断 PZ30/2—PZ40/114 线路 检查结果 □正常 □不正常	

操作帮助

喷油器电路检测

5. 喷油器部件检测

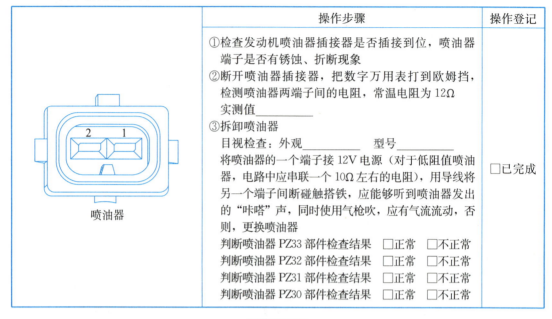

	操作步骤	操作登记
喷油器	①检查发动机喷油器插接器是否插接到位，喷油器端子是否有锈蚀、折断现象 ②断开喷油器插接器，把数字万用表打到欧姆挡，检测喷油器两端子间的电阻，常温电阻为12Ω 实测值_____ ③拆卸喷油器 目视检查：外观_____ 型号_____ 将喷油器的一个端子接12V电源（对于低阻值喷油器，电路中应串联一个10Ω左右的电阻），用导线将另一个端子间断碰触搭铁，应能够听到喷油器发出的"咔嗒"声，同时使用气枪吹，应有气流流动，否则，更换喷油器 判断喷油器 PZ33 部件检查结果　□正常　□不正常 判断喷油器 PZ32 部件检查结果　□正常　□不正常 判断喷油器 PZ31 部件检查结果　□正常　□不正常 判断喷油器 PZ30 部件检查结果　□正常　□不正常	□已完成

操作帮助

喷油器部件检测

知识拓展

喷油器的清洗有离车清洗和就车清洗两种方式。

（1）离车清洗。

将各喷油器从发动机上拆下来，并装在喷油器清洗检测实验台上，按照清洗检测实验台的操作说明进行清洗与检测。该方法的优点是可以清楚地看到喷雾的形状，既可以检测各喷油器的喷油量及喷油量的均匀性，还可以检测喷油器的滴漏情况，清洗的效果比较直观。该方法的缺点是需要从发动机上拆下喷油器，且只能对喷油器本身进行清洗，不能清洗燃料供给系统的油路污物。

（2）就车清洗。

专用的就车清洗机内装有加了除炭剂的燃油和电动燃油泵，可将清洗机的连接管与发动机燃油总管上的油压检测口及油压调节器回油管连接。同时断开汽车上的燃油泵电路（拔下燃油泵熔断丝即可），然后接通清洗机的电动燃油泵电路，起动发动机并以2 000r/min左右的转速保持运转，约10min即可完成清洗。

另外，还有一种就车清洗方法：不用清洗机，直接在油箱中加入清洗剂，在汽车使用一段时间后即可完成油路的整体清洗。但是，清洗剂会破坏发动机气缸的润滑油膜，增加发动机的磨损，因此，最好在油箱中油量较少时使用该方法。

（六）确认排除故障

故障确认和排除	1. 故障的确认	
	□元件损坏	请写明元件名称：
	□线路故障	请写明线路区间：
	□其他	
	2. 故障点的排除处理说明	
	□更换　　　　□维修　　　　□调整	

提示：元件损坏一般以更换为主，线路故障则以维修为主。

（七）验证维修结果

发动机故障指示灯（MIL）	□正常　□不正常		
发动机起动状况	□正常　□不正常	如勾选不正常，请判断	□难起动 □无法起动
怠速运转状况	□正常　□不正常	如勾选不正常，请判断	□怠速抖动 □转速过高 □转速过低
维修后 DTC 读取	□无 DTC　□有 DTC：_____		

维修后动态数据流	项目	数值	单位	判断
	发动机转速			□正常　□不正常
	蓄电池电压			□正常　□不正常
	进气压力			□正常　□不正常
	1缸缺火计数			□正常　□不正常
	2缸缺火计数			□正常　□不正常
	3缸缺火计数			□正常　□不正常
	4缸缺火计数			□正常　□不正常
	喷油脉宽			□正常　□不正常
				□正常　□不正常
				□正常　□不正常

（八）维修任务拓展

　　本任务主要学习发动机缺缸故障的检修流程，请大家根据学习成果，课后单独制定缺缸发动机机体部件的拆装与检测方案（在发动机台架上完成）。

任务
（1）气缸盖的拆装与分解。 （2）气门组检测。 （3）气缸平面度检测。 （4）活塞连杆的拆装与检测。 （5）气缸直径测量。

素养悦读之中国汽车技术

如何跑赢汽车智能化下半场？

近年来，高级辅助驾驶技术取得了显著的进步，比如华为 ADS 高级驾驶辅助系统在测试中表现出色，整体上能够显著减轻驾驶员的负担；小鹏汽车 XNGP、蔚来 NOP 等造车新势力的辅助驾驶功能在不断迭代中逐渐领先；传统车企如上汽乘用车、长城汽车等也都跟上了智能化的脚步。高级辅助驾驶在特定条件下的可靠性已被验证，各家车企及供应商都开始在寻求更高级别的技术突破。

技术层面的推进让高级智驾迎来新发展。以传感器技术为例，从过去单一的视觉，到现如今毫米波雷达、激光雷达等多维度设备加持，高精度感知能力空前提升。与智驾关系极为紧密的算法也在不断演进，通过大模型等让系统的决策判断更为精准。同步提升的还有算力，动辄几百甚至上千 TOPS（每秒万亿次运算），让数据处理更为高效。更为关键的是，政策层面也为高级智驾送来"东风"。据统计，从 2017 年开始算起，关于"智能驾驶技术"的相关政策更新了超一百项标准。这说明，我们距离真正意义上的 L3、L4 级别的智能驾驶更近了。

诚然，智能驾驶产业虽然还面临诸多问题，但毋庸置疑的是，智能网联汽车和高级别自动驾驶技术正迎来快速发展的新阶段。随着技术的不断进步和政策的持续支持，智能网联汽车的市场份额将不断扩大。竞争还未走向终局，跑赢汽车智能化下半场还需要综合运用技术创新、产业链完善、市场拓展和用户体验提升等多方面的策略，以应对行业内的竞争和挑战。

资料来源：刘通. 如何跑赢汽车智能化下半场？汽车纵横，2024（9）：84-86. 有删改.

学习评价

学习活动一　维修基础评价

班级		姓名		学号		日期		
序号	评价内容				配分	得分	层级	
1	能正确叙述发动机缺缸故障的现象				5			
2	掌握燃烧的三要素及组成				5			
3	理解相关系统的工作原理				10			
4	正确识读哈弗汽车的点火、喷油电路图				10			
5	能查阅维修手册，正确识别部件位置				5			
6	能根据维修手册正确拆装火花塞				5			
7	能根据维修手册正确使用气缸压力表、烟雾测漏仪				10		□A 档（90～100 分） □B 档（76～89 分） □C 档（60～75 分） □D 档（60 分以下）	
8	能根据维修手册正确测量气缸压力				10			
9	能正确使用工具、量具、仪器等完成操作任务				5			
10	能根据维修手册分析故障原因，并在教师的帮助指导下完成发动机缺缸故障维修方案的制定				5			
11	遵守课堂纪律，积极接受任务，肯吃苦，会钻研				5			
12	时刻牢记安全第一，践行 7S 理念				5			
13	积极参与课堂讨论，发挥团队合作及创新精神				5			
14	在遇到困难时，不放弃，会思考，敢问询				5			
15	及时完成老师布置的任务及工单填写				10			
总分					100			
个人 学习小结								

学习活动二　故障检修评价

班级		姓名		学号		日期	
序号	评价内容			配分	得分	层级	
1	能正确使用诊断仪读取故障码、数据流			5			
2	能合理使用诊断仪进行动作测试			5			
3	能正确查阅、使用维修手册			10			
4	能根据维修手册分析故障范围			10			
5	能根据教师和企业师傅的指导，正确排定检测顺序			5			
6	能根据维修手册正确测量点火、喷油部件			5			
7	能根据维修手册正确测量点火、喷油线路			10		□A 档（90～100 分）	
8	能根据维修手册正确维修故障点			10		□B 档（76～89 分）	
9	能正确使用工具、量具、仪器等完成操作任务			5		□C 档（60～75 分）	
10	能在排除故障后进行维修质检验证			5		□D 档（60 分以下）	
11	遵守课堂纪律，积极接受任务，肯吃苦，会钻研			5			
12	时刻牢记安全第一，践行 7S 理念			5			
13	积极参与课堂讨论，发挥团队合作及创新精神			5			
14	在遇到困难时，不放弃，会思考，敢问询			5			
15	及时完成老师布置的任务及工单填写			10			
总分				100			
个人学习小结							

学习任务评价表

班级				姓名				学号			
评价内容	自我评价（20%）			小组评价（30%）			教师评价（20%）			企业评价（30%）		
	10～8	7～4	3～1	10～8	7～4	3～1	10～8	7～4	3～1	10～8	7～4	3～1
学习活动一												
学习活动二												
课堂纪律												
团队合作												
表达能力												
动手能力												
反思能力												
工作态度												
安全意识												
总分												
任务总结												

发动机燃烧过稀故障的检修

任务概述

本任务来源于校企合作厂真实的故障案例，围绕发动机电子燃油喷射控制系统的检修展开。通过明任务、制计划、定方案、排故障、验质量、拓任务这一完整的流程，学生能够学会不同类型故障的检修方法，具备处理不同类型的电子燃油喷射控制系统故障的能力，按照汽车维修企业的实际工作流程实施任务。另外，在完成任务的过程中相互协作，树立使用工具、设备的安全意识，养成良好的职业素养。

学习目标

知识目标：掌握发动机电子燃油喷射控制系统的功用、组成、类型及工作原理。

掌握识读电子燃油喷射控制系统电路图的方法。

技能目标：能根据维修手册分析故障原因，并完成维修方案的制定。

能根据微课视频、维修手册正确分解、检修、测试发动机电子燃油喷射控制系统。

能正确使用工具、量具、仪器等完成电子燃油喷射控制系统故障的检修。

素养目标：虚心求教，培养良好的学习态度。

通过方案展示，培养语言沟通能力。

通过小组合作完成任务，培养团队合作能力。

建议学时

16 学时

学习活动一　　　维修基础

学习目标

知识目标： 掌握发动机电子燃油喷射控制系统及相关零部件的功用、组成、类型及工作原理。

掌握识读燃油喷射控制系统电路图的方法。

技能目标： 能根据维修手册分析故障原因，并完成维修方案的制定。

能根据微课视频、维修手册正确认识故障现象。

能根据微课视频、维修手册正确分解、检修、测试发动机电子燃油喷射控制系统。

素养目标： 积极参与课堂讨论，发挥团队合作及创新精神，培养专业素养。

学习准备

工具：通用拆装工具、内饰撬棒、量具（万用表）、试灯、跨接线。

材料：零部件、保险丝、清洁与安全耗材。

仪器：诊断仪、示波器等。

资料：维修手册、一体化参考书等。

典型案例引入

案例：董先生的哈弗 M6 PLUS 汽车，行驶里程 45 000 千米。故障现象：客户反映该车动力明显不足，发动机故障指示灯点亮，而且车子偶尔抖动，故障出现频率无任何规律，有时候一天出现几次，有时候几个星期出现一次。经班组长初步检查为发动机燃烧过稀故障，客户要求尽快交车，现要求你与同事合作，在规定时间内完成故障的排除。（本案例由余姚东江哈弗 4S 店王顺锋师傅提供）

 **确认故障现象**

发动机故障指示灯（MIL）	□正常　□不正常		
发动机起动	□正常　□不正常		
怠速运转状况	□正常　□不正常	如勾选不正常，请判断	□怠速不稳 □排放超标
其他（如果有）			

知识拓展

　　传统燃油汽车的主要环保挑战之一是尾气排放。燃油汽车燃烧化石燃料，排放二氧化碳（CO_2）、氮氧化物（NO_x）和颗粒物等有害物质。目前，国六排放标准将严格控制污染物的排放，在排除工况和测试影响的情况下，燃油车的一氧化碳排放量降低50%，总碳氢化合物和非甲烷总烃排放限制下降50%，氮氧化物排放限制加严42%。

维修理论基础

（一）电子控制系统

　　电子燃油喷射控制系统由_____、_____和_____三个子系统组成，电子控制系统（如图3-1所示）是整个电子燃油喷射控制系统的_____，发动机_____通过各种_____收集信息后传给_____，经_____对信息进行处理后发出相应的指令来控制_____进行动作。

　　电子控制系统的功能是根据发动机的各种_____送来的信号和发动机的基本情况，控制喷油时间、点火时刻等。其中，_____是"情报员"，相当于人的眼睛、鼻子、耳朵，用于收集发动机的各种运转信息；_____是"司令部"，相当于人的大脑，用于接收、处理传感器送来的各种信息，并做出决定，向执行器发出工作指令，控制执行器的工作；_____是"工作机构"，相当于人的手臂与腿脚，用于执行"司令部"的决策，在"司令部"的指挥下工作。

（二）燃油供给系统

　　燃油供给系统的作用是根据发动机不同工况的要求提供_____、_____、_____且具有一定_____的燃油。燃油供给系统主要包括燃油泵、燃油压力调节器、燃油分配管、喷油器、进气歧管等。

　　将下列零部件名称填入图3-2中相对应的序号处。

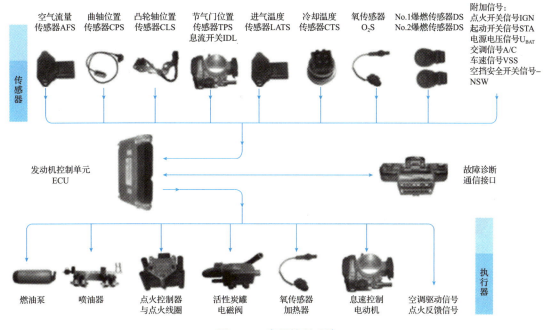

图 3-1　电子控制系统

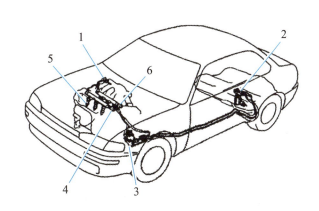

图 3-2　燃油供给系统组成

1—_____；2—_____；3—_____；4—_____；5—_____；6—_____

| 燃油泵 | 进气歧管 | 燃油滤清器 | 燃油导轨 | 喷油器 | 燃油压力调节器 |

　　燃油供给系统的工作原理：当发动机工作时，汽油从燃油箱内被_____吸出，加压后经燃油滤清器滤去杂志，再送至燃油分配管。_____对系统油压进行调整并使过量的燃油返回燃油箱，剩余的经燃油分配管送到喷油器，喷油器根据_____发出的指令开启，将适量的燃油喷入各进气歧管、进气总管或气缸，完成喷油供给过程，如图 3-3所示。

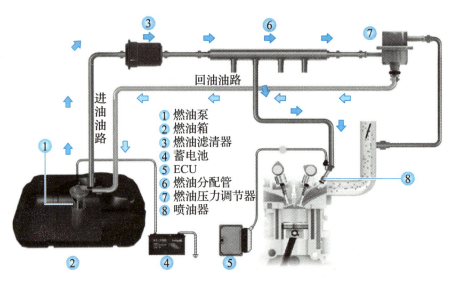

进油油路

回油油路

① 燃油泵
② 燃油箱
③ 燃油滤清器
④ 蓄电池
⑤ ECU
⑥ 燃油分配管
⑦ 燃油压力调节器
⑧ 喷油器

图 3-3　燃油供给系统的工作原理

（三）空气供给系统

空气供给系统是电子燃油喷射控制系统的重要组成部分，其功用是向发动机提供与发动机负荷相适应的、清洁的_____，同时对流入发动机气缸的空气的质量进行直接或间接_____，并以电信号的形式告知 ECU。空气供给系统主要由空气滤清器、空气流量传感器、进气管、节气门体、进气歧管等组成。

将下列零部件名称填入图 3-4 中相对应的序号处。

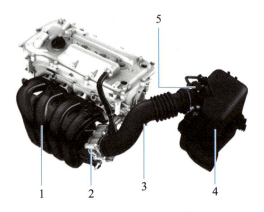

图 3-4　空气供给系统

1—_____；2—_____；3—_____；4—_____；5—_____

空气滤清器	空气流量传感器	进气管	节气门体	进气歧管

根据测量进气量的方式不同，空气供给系统可分为 L 型和 D 型两种类型，如图 3-5 所示。L 型空气供给系统，空气经_____过滤后，通过_____（L 型）、_____

进入进气总管，再通过_____分配给各缸。D型空气供给系统，空气经_____过滤后，通过_____进入进气总管，再流经安装在进气总管与进气歧管上的_____，经过_____分配给各缸。

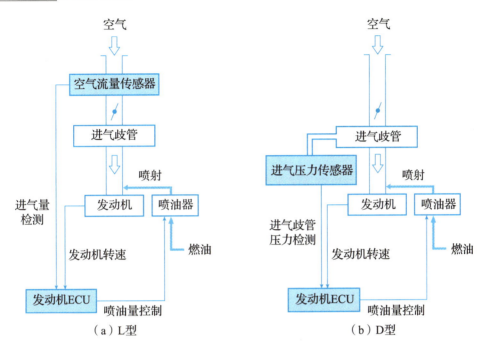

图 3-5　L型和D型空气供给系统

1. 空气流量传感器（MAF）

空气流量传感器［见图3-6(a)］是用来检测发动机_____的传感器之一，它将进气系统的空气流量转换为电压或频率信号输送给 ECU，ECU 以此来计算_____并确定_____时间。

2. 进气/大气压力传感器

进气压力传感器［见图3-6(b)］的作用是检测_____压力的变化，并将其转换为电压信号传给 ECU，作为确定喷油量和点火时间的基本依据。大气压力传感器的作用是检测车辆所处环境的_____，向 ECU 提供天气和海拔信息，从而对_____和_____进行调整。

（a）空气流量传感器　　　（b）进气压力传感器

图 3-6　空气流量传感器与进气压力传感器

（四）温度传感器

温度传感器主要用来监测被测对象的温度，可将被测对象的温度变化转换成_____信号，并传给 ECU，使 ECU 能进行与温度相关的控制信号修正。发动机上的温度传感器有冷却液温度传感器（ECT）、进气温度传感器（IAT）两种。其中冷却液温度传感器是发动机电控系统非常重要的传感器，它主要有以下作用：

（1）喷油量控制。在发动机起动时，ECU 根据_____和_____信号控制起动喷油量及起动后的喷油增量。

（2）喷油量修正。冷却液温度越低，喷油量越_____，保证发动机低温时的运转性能，并实现快速暖机。

（3）冷却风扇控制。ECU 根据冷却液温度控制风扇转速。若传感器信号丢失，则冷却风扇将保持_____。

（4）点火提前角修正。当冷却液温度很低时，混合气燃烧速度较慢，需适当_____点火提前角；在暖机过程中，冷却液温度逐渐升高，点火提前角逐渐_____。

（5）怠速控制。发动机冷起动之后，冷却液温度较低，ECU 将_____怠速转速，以保证发动机运转稳定，随着温度上升，怠速转速逐渐_____。

（五）排放控制

1. 氧传感器

氧传感器一般根据电化学原理工作，有氧化锆（ZrO_2）式（见图 3 - 7）和氧化钛（TiO_2）式两种类型，其中氧化锆式又分为加热型与非加热型两种，氧化钛式一般都为加热型。

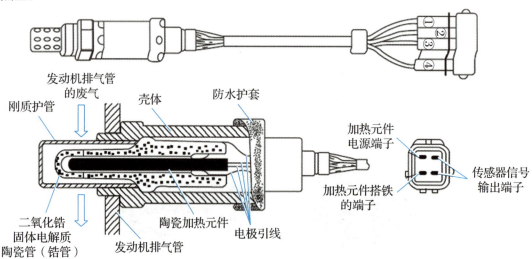

图 3 - 7　氧化锆式氧传感器

高温下，部分氧分子发生电离，形成氧离子。这些氧离子可以渗过某些固体电解质（二氧化锆、氧化钛等），当这些电解质两个表面之间的氧离子浓度不同时，浓度高处的氧离子就会向浓度低的一侧扩散，在固体电解质两个表面之间设置电极，就可以得到电动势，该电动势即为传感器的输出信号，如图3-8所示。

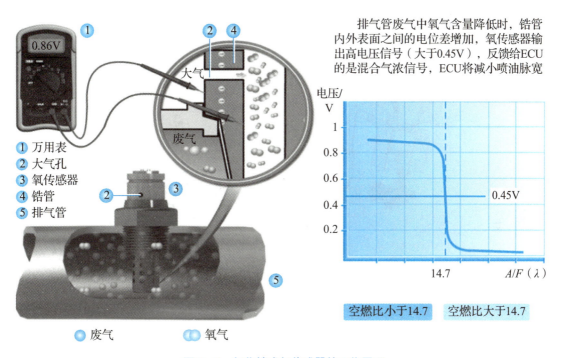

排气管废气中氧气含量降低时，锆管内外表面之间的电位差增加，氧传感器输出高电压信号（大于0.45V），反馈给ECU的是混合气浓信号，ECU将减小喷油脉宽

① 万用表
② 大气孔
③ 氧传感器
④ 锆管
⑤ 排气管

● 废气　　◌ 氧气

空燃比小于14.7　　空燃比大于14.7

图3-8　氧化锆式氧传感器的工作原理

当供给发动机的可燃混合气较浓时，废气中氧离子含量较少，锆管内外表面之间的氧离子浓度差较大，两个电极之间的电动势也较大，约为0.9V；反之，当可燃混合气较稀时，两个电极之间的电动势较小，约为0.1V。另外，氧化锆式氧传感器的温度须达到300℃以上才能正常工作，因此传感器的内部设有加热器。加热器一般用陶瓷加热元件制成，加热温度设定为300℃，并直接由汽车电源供电。

团队阶段任务：			
每一小组派代表讲解"闭环控制"和"开环控制"			
你所在的小组是否完成任务	阶段得分		教师签字
□完成　□未完成			

2. 蒸发排放控制（EVAP）系统

蒸发排放控制系统的功能是防止汽车燃油箱内的燃油蒸气排入大气。它由活性炭罐、控制电磁阀、分离阀及相应的管道和真空软管等组成，如图3-9所示。活性炭罐上方的另一个出口经真空软管与发动机进气歧管相通。真空软管中部有一个电磁阀控制管路的通断。当发动机运转时，如果电磁阀开启，则在进气歧管真空吸力的作用下，新鲜空气将从活性炭罐下方进入，经过活性炭后再从活性炭罐的出口进入软管，再到发动机进气歧管，把吸附在活性炭上的燃油分子（重新蒸发的）送入发动机燃烧，使之得到充分利用；活性炭罐内的活性炭随之恢复吸附能力，不会因使用太久而失效。

将零部件名称填入图3-9中相对应的序号处。

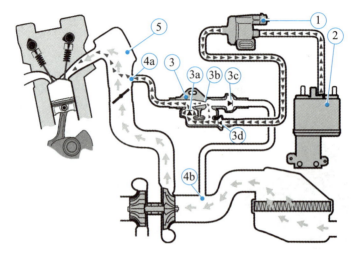

图3-9　蒸发排放控制系统

1—_____；2—_____；3—_____；3a—_____；3b—_____；3c—_____；3d—_____；4a—进气管（至_____后）；4b—进气管（至_____前）；5—_____

对进入进气歧管的回收燃油蒸气量必须加以控制，以防破坏正常的混合气成分。控制过程由微机根据发动机的水温、转速、节气门开度等运行参数，通过操纵控制电磁阀的开、闭来实现。在发动机停机或怠速运转时，微机使电磁阀关闭，从燃油箱中溢出的燃油蒸气被回收罐中的活性炭吸收。当发动机以中、高速运转时，微机使电磁阀开启，储存在活性炭罐内的燃油蒸气经过真空软管后被吸入发动机。此时，因为发动机的进气量较大，少量的燃油蒸气不会影响混合气的成分。

3. 曲轴箱强制通风

利用发动机的真空度将新鲜空气吸入曲轴箱，同时将窜气重新导入进气系统并在气缸内燃烧掉，以防止曲轴箱内的窜气排入大气。这样既可减少空气污染，还能够提高燃油经济性。

发动机在工作时，进气管的真空度作用到PCV阀上，吸引新鲜空气经空气滤清器、空气软管、气缸盖罩上的孔道进入曲轴箱与窜气进行混合，混合后在进气管真空度的作用下进入气缸燃烧掉。曲轴箱强制通风工作过程如图3-10所示。

阀体　　　锥形阀
阀座　　　弹簧

发动机不工作时

锥形阀与阀体
之间缝隙很小

发动机怠速时

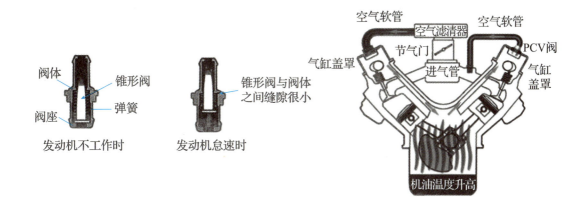

空气软管　　　空气软管
空气滤清器
节气门　　　PCV阀
气缸盖罩　　进气管　　气缸盖罩

机油温度升高

锥形阀与阀体
之间缝隙增大

发动机正常运转时

锥形阀与阀体
之间缝隙最大

发动机加速或高负荷时

锥形阀落在阀座上，
PVC阀关闭

发动机停机或回火时

图 3 - 10　曲轴箱强制通风工作过程

团队阶段任务：		
每一小组派代表讲解曲轴箱强制通风的工作过程		
你所在的小组是否完成任务	阶段得分	教师签字
□完成　□未完成		

知识拓展

　　颗粒捕捉器（GPF）是一种安装在发动机排放系统中的陶瓷过滤器，贵金属含量较低，它可以在微粒排放物质进入大气之前将其捕捉，能有效地减少发动机所产生的烟灰，达到国六排放标准。颗粒捕捉器一般安装在三元催化转换器的后部，就像一个防毒面具，罩住了排气管。

（六）哈弗汽车电路图的识读

　　小试身手：哈弗 M6 PLUS 汽车氧传感器电路图如图 3 - 11 所示。查阅维修手册，分析哈弗氧传感器的控制原理。

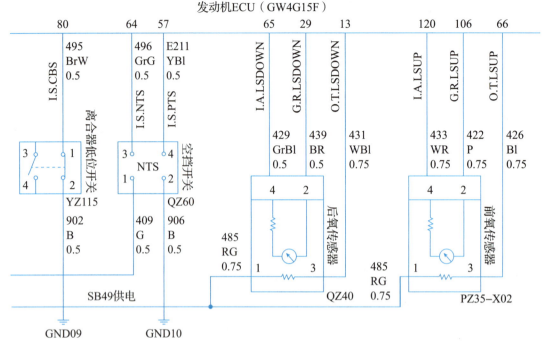

图 3-11　哈弗 M6 PLUS 汽车氧传感器电路图

（七）哈弗汽车电子燃油喷射控制系统部分部件认知

看图填写部件名称，并写清楚部件在实车上的具体位置。

（1）_____，部件位置在_____。

（2）_____，部件位置在_____。

（3）_____，部件位置在_____。

（4）_____，部件位置在_____。

（5）_____，部件位置在_____。

> 🚗 **知识拓展**
>
> 　　在 2023 进博会上，宝马 iX5 氢燃料电池车正式亮相。该车基于新款燃油版 X5 开发，采用氢燃料电池为主的动力总成系统。高性能燃料电池可连续输出 125 千瓦（170 马力）的电能，6 秒内可完成百公里加速。在 WLTP 工况下，最大续驶里程可达 504 千米，储氢罐充满仅需 3～4 分钟。

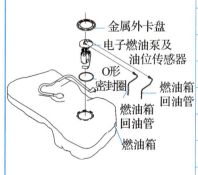 **维修实操基础**

燃油系统泄压：（1）断开_____；（2）起动发动机直至发动机_____；（3）关闭点火开关；（4）再次起动发动机，确认发动机_____。

（一）燃油供给系统的拆装与检查

完成操作并填写工单。

1. 检查燃油泵及油位传感器		

	操作步骤	操作登记
	①检查燃油泵线束插接器是否断开或插接不到位	□已完成
	②连接诊断仪，检测发动机 ECU 数据是否正常	□已完成
	③检查燃油泵线束插接器是否有电	□已完成
	④检查燃油泵自身线束是否断开或连接不到位	□已完成
	⑤断开与高压燃油泵连接的进油软管，接入油压表，接通电源，点火开关置于_____位置，读取油压值：正常油压额定工况为_____kPa 实测值_____ 判断检查结果　□正常　□不正常 （若检测压力不在正常油压范围内，则可判定燃油泵故障）	□已完成
	⑥用万用表检测油位传感器两引脚之间的电阻是否符合标准值。油位传感器位于下止点时，正常阻值约为_____Ω，实测值_____；油位传感器位于上止点时，正常阻值约为_____Ω，实测值_____ 判断检查结果　□正常　□不正常	□已完成

F07F7BCCE6F5

引脚号	功能
1	主泵传感器–
2	主泵传感器+
3	燃油泵–
4	燃油泵+

2. 拆卸燃油泵		

金属外卡盘
电子燃油泵及油位传感器
O形密封圈
燃油箱回油管
燃油箱回油管
燃油箱

	操作步骤	操作登记
	①拧开加油口盖，释放燃油箱内部压力后拧紧	□已完成
	②断开蓄电池负极	□已完成
	③拆下后座，掀开燃油箱维修口盖	□已完成
	④断开线束插接器	□已完成
	⑤断开两个管路	□已完成
	⑥拆下金属外卡盘，专用工具：ZEZF068631	□已完成
	⑦取出电子燃油泵及油位传感器	□已完成

3. 安装燃油泵（注意：更换新的密封件）

	操作步骤	操作登记
	①安装电子燃油泵及油位传感器	□已完成
	②安装金属外卡盘，专用工具：ZEZF068631	□已完成
	③连接两个管路，连接线束插接器	□已完成
	④安装燃油箱维修口盖，安装后座	□已完成
	⑤连接蓄电池负极	□已完成
	⑥建立燃油系统压力	□已完成

（二）喷油器的拆装与检测

完成操作并填写工单。

1. 拆卸喷油器

	操作步骤	操作登记
	①释放燃油供给系统压力	□已完成
	②断开蓄电池负极	□已完成
	③断开喷油器总成上的线束	□已完成
	④断开外接油管	□已完成
	⑤拆卸 2 个螺栓，取下燃油导轨总成	□已完成
	⑥取下喷油器下 O 形密封圈	□已完成
	⑦拆卸喷油器卡夹，取下喷油器总成	□已完成

2. 检测喷油器	检测方法与步骤参考学习任务二中的内容	□已完成

3. 安装喷油器

	操作步骤	操作登记
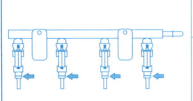	①更换新的 O 形密封圈，并在其表面涂上适量无硅润滑油	□已完成
	②将燃油导轨总成沿喷油器安装孔轴线方向安装至气缸盖，确认喷油器安装到位后，紧固 2 个螺栓，拧紧力矩：22±2N·m	□已完成
	③连接外接油管	□已完成
	④连接喷油器总成上的线束	□已完成

（三）进气压力温度传感器的拆装与检测

完成操作并填写工单。

1. 检查进气压力温度传感器

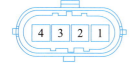

引脚号	功能
	32A4D0E7DDE
1	传感器接地
2	温度信号
3	5V电源
4	压力信号

操作步骤	操作登记
①压力检测：利用诊断仪读取进气压力温度传感器的大气压力值，若与标准大气压偏差过大，则需更换进气压力温度传感器	□已完成
②温度检测：拆卸进气压力温度传感器，测量其在各温度下的阻值	□已完成

阻值—温度特性表

温度（℃）	阻值（kΩ）		
	最小值	标准值	最大值
0	5.671	5.895	6.118
10	3.656	3.791	3.927
20	2.416	2.499	2.583
40	1.139	1.174	1.209
60	0.580	0.595	0.611

实测值_____

判断检查结果　□正常　□不正常

2. 拆卸进气压力温度传感器

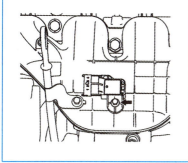

操作步骤	操作登记
①断开蓄电池负极	□已完成
②断开进气压力温度传感器线束插接器	□已完成
③拆卸1个螺栓，取下进气压力温度传感器	□已完成

3. 安装进气压力温度传感器

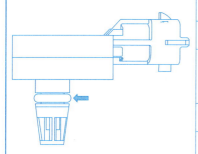

操作步骤	操作登记
①在进气压力温度传感器密封圈上涂抹少量润滑油	□已完成
②将进气压力温度传感器压入进气歧管安装孔，紧固1个螺栓，拧紧力矩：10±1N·m	□已完成
③连接进气压力温度传感器线束插接器	□已完成
④连接蓄电池负极	□已完成

（四）节气门位置传感器的拆装与检测

完成操作并填写工单。

1. 检查节气门位置传感器

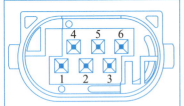

D4DDCFBDEEE1

引脚号	功能
1	控制电机负极
2	传感器接地
3	5V电源
4	控制电机正极
5	节气门位置传感器信号2
6	节气门位置传感器信号1

操作步骤	操作登记
①卸下接头，把数字万用表打到欧姆挡	□已完成
②两表笔分别接 1 与 4 引脚，阻值约为 1.7Ω 　实测值＿＿＿＿＿ 　判断检查结果　□正常　□不正常	□已完成
③把数字万用表打到直流电压挡	□已完成
④黑表笔接到 2 引脚，红表笔分别接到 5 与 6 　引脚，两者测量的电压值相加约为 5V 　实测值＿＿＿＿＿ 　判断检查结果　□正常　□不正常	□已完成

2. 节气门体的拆卸（为避免烫伤，禁止在发动机仍然很烫时进行操作）

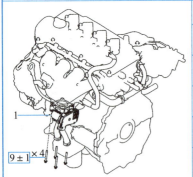

1

9±1×4

操作步骤	操作登记
①断开蓄电池负极	□已完成
②断开与节气门连接的管路	□已完成
③断开节气门线束插接器	□已完成
④拆卸 4 个螺栓，取下节气门总成	□已完成
⑤取下节气门密封垫（节气门密封垫为一次性零部件）	□已完成

3. 节气门的清洗与自学习

操作步骤	操作登记
①将专用的节气门清洗剂喷在软布上	□已完成
②清洁主流道的污垢	□已完成
③用手扳开节气门体阀片，清洁被阀片边缘遮挡而无法清洁到的部分	□已完成
④使用软布反复擦拭，清洁阀片端面的污垢	□已完成
⑤进行节气门自学习，打开点火开关至 ON 挡等待 15s，正常起动发动机，即完成节气门的自学习，观察节气门工作是否正常	□已完成

4. 安装节气门体

操作步骤	操作登记
①更换新的节气门密封圈	□已完成
②将节气门密封圈安装到进气歧管密封槽槽底，确保无凸出现象	□已完成
③安装节气门总成，紧固 4 个螺栓。拧紧力矩：9±1N·m	□已完成
④连接电子节气门线束插接器	□已完成
⑤安装与节气门连接的管路	□已完成
⑥连接蓄电池负极	□已完成

提示：如果发动机进气歧管漏气，则需要检查三个位置。一是制动助力器和助力器的真空管；二是炭罐的电磁阀和管道；三是节气门和进气歧管的接口。

进气歧管漏气的表现如下：

（1）如果进气歧管漏气，则发动机会出现怠速过高、怠速不稳、抖动等问题。如果涡轮增压发动机出现故障，则会出现加速无力、油耗高的情况。

（2）当进气歧管泄漏时，进气歧管内压力会发生变化。因为与正常通道进气不一致，压力检测变得异常。

（3）进气歧管漏气经常出现混合气变稀、进气量增大的情况。由于喷射量主要由进气量决定，进气量大，喷射量也大，怠速也会变高。或者，由于漏气处进气不规律，怠速可能会出现忽高忽低的现象。

（4）发动机 ECU 通过节气门位置传感器接收怠速信号，但怠速不在规定范围内，ECU 自动调整怠速电机运行，这时候也会出现怠速忽高忽低的现象。当泄漏不严重时，只会出现怠速稍高的现象，不会出现"游车"现象。

（5）进气歧管漏气严重时，发动机无法起动。

发动机进气管的真空度随进气管密封性和气缸密封性的变化而变化。因此，在确认进气管密封性良好的情况下，利用真空表检测进气管的真空度或利用示波器观测真空度波形的变化，可以分析、判断气缸密封性并诊断故障。考虑到进气管真空度有随海拔高度增加而降低的现象（一般海拔每增加 1 000m，真空度将减少 10kPa 左右），检测中应根据所在地海拔高度修正真空度诊断参数标准。

发动机怠速（500～600r/min）运转时，真空表指针稳定地指在 57～71kPa，表示气缸密封性正常。当迅速开启并立即关闭节气门时，若真空表指针在 6.8～84kPa 摆动，则表明气缸组技术状况良好；若真空表指针在 50.6～67.6kPa 摆动，则表示气门黏滞或点火系统有问题；若真空表指针指示值低于正常值，则表明活塞环、进气管漏气，或者点火过迟或配气过迟。

 **制订维修计划**

（一）分析故障鱼骨图

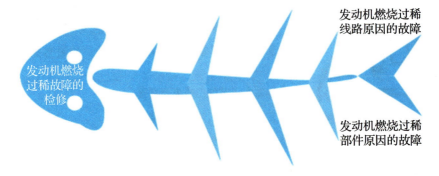

（二）设计维修方案

根据验证的故障现象，设计维修方案，写出方案的具体步骤。

步骤 1	
步骤 2	
步骤 3	
步骤 4	
步骤 5	
步骤 6	
步骤 7	
步骤 8	
步骤 9	
步骤 10	
步骤 11	
步骤 12	
补充步骤	

（三）绘制诊断流程

学习活动二　　故障检修

学习目标

知识目标：掌握维修工单的填写与修正。

技能目标：能根据微课视频、维修手册正确使用工具、量具、仪器等完成发动机燃烧过稀故障的检修。

能通过视频和图片展示交流、反思检修过程、提出改进建议。

素养目标：通过项目学习培养反思总结的能力。

在企业导师的指导下培养处理综合故障的创新能力。

学习准备

工具：通用拆装工具、内饰撬棒、量具（万用表）、试灯、跨接线。

材料：零部件、保险丝、清洁与安全耗材。

仪器：诊断仪、示波器等。

资料：维修手册、一体化参考书等。

操作过程

（一）读取故障码及数据流

与发动机燃烧相关DTC	□无DTC　□有DTC：_____			
发动机燃烧相关数据流	项目	数值	单位	判断
	发动机转速			□正常　□不正常
	蓄电池电压			□正常　□不正常
	进气歧管压力传感器			□正常　□不正常
	空气流量传感器（如有）			□正常　□不正常
	节气门开度			□正常　□不正常
	喷油脉宽			□正常　□不正常
	温度传感器			□正常　□不正常
	点火线圈电路			□正常　□不正常
	氧传感器1			□正常　□不正常
	氧传感器2			□正常　□不正常
	短期燃油修正			□正常　□不正常
	长期燃油修正			□正常　□不正常

发动机电控单元（ECU）控制闭环空气/燃油供给系统，以提供最佳的动力性、燃油经济性和排放控制组合。发动机电控单元监测加热型氧传感器（HO_2S）信号电压，并在闭环模式下基于信号电压调整燃油输送量。燃油供应的变化将改变长期和短期燃油调整值。短期燃油调整值将快速地发生变化以响应加热型氧传感器信号电压的变化。这些变化将对发动机供油进行微调。改变长期燃油调整值，使之随短期燃油调整的趋势而变化。长期燃油调整是对喷油进行粗调，以重新回到中心并控制恢复到短期燃油调整。理想的燃油调整值约为 0%。正的燃油调整值表示发动机电控单元正在增加燃油以补偿燃油偏稀状况；负的燃油调整值表示发动机电控单元正在减少燃油量以补偿燃油偏浓状况。哈弗汽车发动机中与排放相关的故障码见下表。

操作帮助

读取故障码

哈弗汽车发动机中与排放相关的故障码

P0030：加热型氧传感器加热器控制电路——传感器1	P0141：加热型氧传感器加热器性能——传感器2
P0031：加热型氧传感器加热器控制电路电压过低——传感器1	P0131：加热型氧传感器电路电压过低——传感器1
P0032：加热型氧传感器加热器控制电路电压过高——传感器1	P0132：加热型氧传感器电路电压过高——传感器1
P0036：加热型氧传感器加热器控制电路——传感器2	P0137：加热型氧传感器电路电压过低——传感器2
P0037：加热型氧传感器加热器控制电路电压过低——传感器2	P0138：加热型氧传感器电路电压过高——传感器2
P0038：加热型氧传感器加热器控制电路电压过高——传感器2	P0133：加热型氧传感器响应过慢——传感器1
P0053：加热型氧传感器加热器电阻——传感器1	P1133：加热型氧传感器转换不足——传感器1
P0054：加热型氧传感器加热器电阻——传感器2	P2270：加热型氧传感器信号持续偏稀——传感器2
P0135：加热型氧传感器加热器性能——传感器1	P2271：加热型氧传感器信号持续偏浓——传感器2

（二）选用动作测试

本次任务是否选用动作测试？	□选用	□不选用
如不选用动作测试，请说明原因。		
如选用动作测试，请勾选相应系统 □发动机系统动作测试　□变速器系统动作测试　□制动系统动作测试　□车身电气系统动作测试		

（三）分析故障范围

确定故障范围		□可能	□不可能
		□可能	□不可能
		□可能	□不可能
		□可能	□不可能
		□可能	□不可能
		□可能	□不可能

（四）排定先后顺序

部件检测顺序	线路检测顺序
1.	1.
2.	2.
3.	3.
4.	4.
5.	5.
6.	6.

提示：排定检测顺序时要充分考虑部件在实车上的位置和实际检测维修的难易程度。建议将查看维修手册和观察实车相结合，也可先咨询指导教师或企业师傅。

（五）检查测量过程

完成工单的填写，请根据故障范围选择相应的内容和顺序。

急速状态下，待前氧传感器达到其工作温度 350℃ 时（约过 3min），电压应在 0.1～0.9V 快速地波动，根据急加速和减速断油工况判断氧传感器是否正常，急加速时氧传感器数据变化_____，减速断油时氧传感器数据变化_____。

1. 氧传感器线路测试

	操作步骤	操作登记
604BFA020B54	①拆下插接器，将数字万用表打到欧姆挡 ②测试 PZ35/3 端子与 GND 之间的电阻是否小于_____Ω 　实测值_____ ③打开点火开关，使用万用表测量端子 PZ35/1 与 GND 之间的电压是否为_____V 　实测值_____ 或使用功率试灯确认亮度 □正常　□不正常 ④将数字万用表打到欧姆挡，测试 PZ35/2 端子与 GND 之间的电阻是否小于_____Ω 　实测值_____	□已完成

端子号	功能
1	加热器正极（接主继电器12V）
2	传感器接地
3	加热器负极
4	传感器信号

续表

	操作步骤	操作登记
	⑤连接波形线束，判断加热线控制波形 每格电压：　　　V　　每格时间：　　　ms ⑥将数字万用表打到电压挡，测试 PZ35/4 端子与 GND 之间的电压 实测值_____ 连接波形线束，判断氧传感器波形 每格电压：　　　V　　每格时间：　　　ms 判断 PZ35/1—SB49 检查结果 □正常　□不正常 判断 PZ35/2—PZ40/106 检查结果 □正常　□不正常 判断 PZ35/3—PZ40/66 检查结果 □正常　□不正常 判断 PZ35/4—PZ40/120 检查结果 □正常　□不正常	

操作帮助

氧传感器线路测试

2. 氧传感器部件测试

	操作步骤	操作登记
	①拆下插接器，将数字万用表打到欧姆挡 ②两表笔分别接 PZ35/1 加热正极与 PZ35/3 加热负极两端针脚，常温下其阻值为_____Ω 　实测值_____ ③测试 PZ35/1 或 PZ35/3 端子与壳体之间的电阻是否小于_____Ω 　实测值_____ 　判断 PZ35 检查结果　□正常　□不正常	□已完成

操作帮助

氧传感器部件测试

3. 氧传感器、炭罐电磁阀熔断器的检测

	操作步骤	操作登记
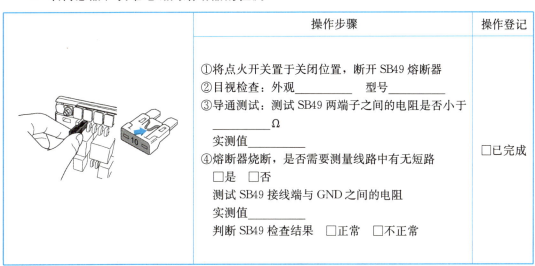	①将点火开关置于关闭位置，断开 SB49 熔断器 ②目视检查：外观_____　型号_____ ③导通测试：测试 SB49 两端子之间的电阻是否小于_____Ω 　实测值_____ ④熔断器烧断，是否需要测量线路中有无短路 　□是　□否 　测试 SB49 接线端与 GND 之间的电阻 　实测值_____ 　判断 SB49 检查结果　□正常　□不正常	□已完成

提示：操作视频参考学习任务一中的"起动熔断器检测"。

重要提醒：检测氧传感器后，若还有燃烧过稀故障，则需要堵住炭罐电磁阀、曲轴箱通风管、制动真空管等，观察燃油修正值是否向正常趋势发展，若是，则检测相关部件和线路。

4. 炭罐电磁阀线路检测

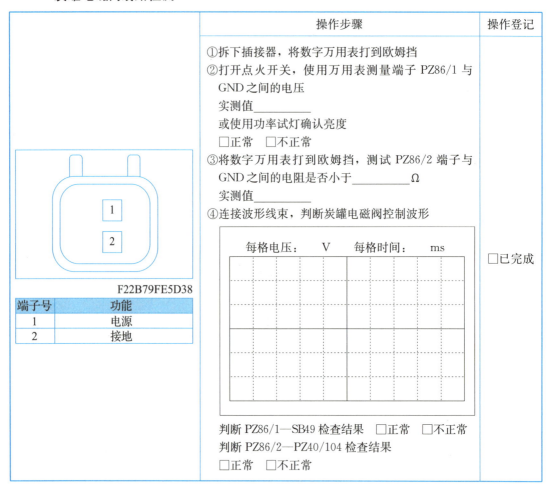

F22B79FE5D38

端子号	功能
1	电源
2	接地

操作步骤

①拆下插接器，将数字万用表打到欧姆挡

②打开点火开关，使用万用表测量端子 PZ86/1 与 GND 之间的电压

实测值_____

或使用功率试灯确认亮度

□正常　□不正常

③将数字万用表打到欧姆挡，测试 PZ86/2 端子与 GND 之间的电阻是否小于_____Ω

实测值_____

④连接波形线束，判断炭罐电磁阀控制波形

每格电压：　　V　　每格时间：　　ms

判断 PZ86/1—SB49 检查结果　□正常　□不正常

判断 PZ86/2—PZ40/104 检查结果

□正常　□不正常

操作登记

□已完成

操作帮助

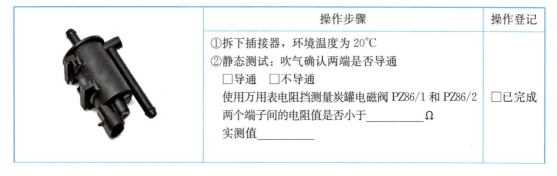
蒸发排放电磁阀线路检测

5. 炭罐电磁阀部件检测

操作步骤

①拆下插接器，环境温度为 20℃

②静态测试：吹气确认两端是否导通

□导通　□不导通

使用万用表电阻挡测炭罐电磁阀 PZ86/1 和 PZ86/2 两个端子间的电阻值是否小于_____Ω

实测值_____

操作登记

□已完成

续表

	操作步骤	操作登记
	③动态测试：在端子 PZ86/1 和 12V 电压之间安装一根带 20A 保险丝的跨接线。再将一根跨接线安装在继电器端子 PZ86/2 和搭铁之间，确认阀体移动，吹气确认两端导通 判断 PZ86 检查结果　□正常　□不正常	

操作帮助

蒸发排放电磁阀部件检测

6. 发动机 ECU

	操作步骤	操作登记
	判断发动机 ECU 检查结果　□正常　□不正常	□已完成

（六）确认排除故障

	1. 故障的确认	
故障确认和排除	□元件损坏	请写明元件名称：
	□线路故障	请写明线路区间：
	□其他	
	2. 故障点的排除处理说明	
	□更换　　　　□维修　　　　□调整	

提示： 元件损坏一般以更换为主，线路故障则以维修为主。

（七）验证维修结果

发动机故障指示灯（MIL）	□正常　□不正常	
发动机起动	□正常　□不正常	
怠速运转状况	□正常　□不正常	若勾选不正常，请判断　□怠速不稳 □排放超标
与发动机燃烧相关的 DTC	□无 DTC　□有 DTC：_____	

续表

发动机燃烧相关数据流	项目	数值	单位	判断
	发动机转速			□正常　□不正常
	蓄电池电压			□正常　□不正常
	进气歧管压力传感器			□正常　□不正常
	空气流量传感器（如有）			□正常　□不正常
	节气门开度			□正常　□不正常
	喷油脉宽			□正常　□不正常
	温度传感器			□正常　□不正常
	点火线圈电路			□正常　□不正常
	氧传感器1			□正常　□不正常
	氧传感器2			□正常　□不正常
	短期燃油修正			□正常　□不正常
	长期燃油修正			□正常　□不正常

提示： 当排除故障后，进行维修质检，查阅故障码和数据流，若出现新的故障现象，则跳回第一步再次按照流程排除故障，直至全部正常。

（八）维修任务拓展

发动机电子燃油喷射控制系统的常见故障主要有燃烧过稀、加速无力、油耗升高等。本任务是以燃烧过稀故障为学习内容，请大家根据本次学习的成果，课后单独制定加速无力或油耗升高故障的诊断流程。

任务
选择1　加速无力
（1）加速无力故障的现象一般表现为：车辆能够正常运行，当快速踩下加速踏板时，发动机转速上升，但车辆速度上升缓慢。
（2）原因分析：发动机能够运转，说明电子燃油喷射控制系统电路工作正常，但加速无力，说明油路或者气路输出不够顺畅，实际输出功率减小。例如，燃油质量较低、发动机积炭严重、发动机温度过高、进气系统故障、油路故障等。

续表

选择 2 油耗升高
(1) 油耗升高故障的现象一般表现为：发动机工作正常，但燃油消耗较之前有明显升高。 (2) 原因分析：例如，燃油压力调节器或燃油泵故障、喷油器漏油、温度传感器信号异常、点火系统故障、轮胎胎压过低、车辆负荷大、传动系统打滑、变速箱液力变矩器无法锁止等。

素养悦读之中国汽车技术

绿色维修技术在汽车维修中的应用

尊重自然、顺应自然、保护自然，是全面建成社会主义现代化国家的内在要求。党的二十届三中全会审议通过的《中共中央关于进一步全面深化改革、推进中国式现代化的决定》对"深化生态文明体制改革"作出重要部署，要求"必须完善生态文明制度体系，协同推进降碳、减污、扩绿、增长，积极应对气候变化，加快完善落实绿水青山就是金山银山理念的体制机制"。

故障诊断和维修技术是绿色维修技术在汽车维修领域的关键应用。在汽车维修中，引入先进的故障诊断工具和方法，以及环保的维修技术，可快速准确地检测和定位汽车故障，提高故障诊断的准确性和维修效率，减少对环境的不良影响。先进的故障诊断工具如车载诊断仪，能够读取车辆的故障码和传感器数据，促使维修人员快速找到故障原因，避免出现传统试错方法造成的时间浪费和资源消耗问题。同时，对于机械故障，维修人员可以采用修复和调整的方法，而不是直接更换零件，从而减少资源消耗和废弃物产生；对于电子故障，维修人员可以对电子芯片进行重新编程和程序版本升级，避免不必要的零件更换和废弃。绿色维修技术还强调培训和技能更新，因此维修人员需要不断学习和掌握最新的故障诊断与维修知识，提高汽车故障维修水平，以适应不断更新的汽车技术和环保要求。

资料来源：曹海波. 绿色维修技术在汽车维修中的应用. 汽车安全技术，2024 (2)：82-84. 有删改.

学 习 评 价

学习活动一　维修基础评价

班级		姓名		学号		日期		
序号	评价内容			配分	得分	层级		
1	能正确叙述发动机燃烧过稀故障的现象			5				
2	掌握电子燃油喷射控制系统的功用、组成、类型			5				
3	理解电子燃油喷射控制系统的工作原理			10				
4	能正确识读氧传感器电路图			10				
5	能查阅维修手册，正确识别电子燃油喷射控制系统部件位置			5				
6	能根据维修手册正确分解电子燃油喷射控制系统			5				
7	能根据维修手册正确检修电子燃油喷射控制系统零部件			10		□A档（90～100分）□B档（76～89分）□C档（60～75分）□D档（60分以下）		
8	能根据维修手册正确测试电子燃油喷射控制系统总成			10				
9	能正确使用工具、量具、仪器等完成操作任务			5				
10	能根据维修手册分析故障原因，并在教师的帮助指导下完成发动机燃烧过稀故障维修方案的制定			5				
11	遵守课堂纪律，积极接受任务，肯吃苦，会钻研			5				
12	时刻牢记安全第一，践行7S理念			5				
13	积极参与课堂讨论，发挥团队合作及创新精神			5				
14	在遇到困难时，不放弃，会思考，敢问询			5				
15	及时完成老师布置的任务及工单填写			10				
总分				100				
个人学习小结								

学习活动二　故障检修评价

班级		姓名		学号		日期	
序号	评价内容			配分	得分	层级	
1	能正确使用诊断仪读取故障码、数据流			5			
2	能合理使用诊断仪进行动作测试			5			
3	能正确查阅、使用维修手册			10			
4	能根据维修手册分析故障范围			10			
5	能根据教师和企业师傅的指导，正确排定检测顺序			5			
6	能根据维修手册正确检测电子燃油喷射控制系统部件			5			
7	能根据维修手册正确检测电子燃油喷射控制系统线路			10		□A档（90～100分）	
8	能根据维修手册正确维修故障点			10		□B档（76～89分）	
9	能正确使用工具、量具、仪器等完成操作任务			5		□C档（60～75分）	
10	能在排除故障后进行维修质检验证			5		□D档（60分以下）	
11	遵守课堂纪律，积极接受任务，肯吃苦，会钻研			5			
12	时刻牢记安全第一，践行7S理念			5			
13	积极参与课堂讨论，发挥团队合作及创新精神			5			
14	在遇到困难时，不放弃，会思考，敢问询			5			
15	及时完成老师布置的任务及工单填写			10			
总分				100			
个人学习小结							

学习任务评价表

班级				姓名				学号			
评价内容	自我评价（20%）			小组评价（30%）			教师评价（20%）			企业评价（30%）		
	10～8	7～4	3～1	10～8	7～4	3～1	10～8	7～4	3～1	10～8	7～4	3～1
学习活动一												
学习活动二												
课堂纪律												
团队合作												
表达能力												
动手能力												
反思能力												
工作态度												
安全意识												
总分												
任务总结												

前照灯不亮故障的检修

4

任务概述

　　本任务来源于校企合作厂真实的故障案例，围绕前照灯和前照灯控制电路检修展开。通过明任务、制计划、定方案、排故障、验质量、拓任务这一完整的流程，学生学会不同类型故障的检修方法，具备处理各类型前照灯控制电路故障的能力，按照汽车维修企业的实际工作流程实施任务。另外，在完成任务的过程中相互协作，树立使用工具、设备的安全意识，养成良好的职业素养。

学习目标

知识目标：掌握前照灯的功用、组成、类型及工作原理。

　　　　　　掌握识读照明系统电路图的方法。

技能目标：能根据维修手册分析故障原因，并完成维修方案的制定。

　　　　　　能根据微课视频、维修手册正确分解、检修、测试前照灯。

　　　　　　能正确使用工具、量具、仪器等完成前照灯灯光故障的检修。

素养目标：培养团队合作能力和劳动精神。

　　　　　　在试错和纠错的过程中养成独立思考的能力。

建议学时

16 学时

学习活动一 维修基础

学习目标

知识目标： 掌握照明系统的功用、组成、类型及工作原理。
掌握识读照明系统电路图的方法。

技能目标： 能根据维修手册分析故障原因，并完成维修方案的制定。
能根据微课视频、维修手册正确认识照明系统相关故障现象。
能根据微课视频、维修手册正确分解、检修、测试前照灯。

素养目标： 积极参与课堂讨论，发挥团队合作及创新精神，培养专业素养。

学习准备

工具：通用拆装工具、内饰撬棒、量具（万用表）、试灯、跨接线。
材料：零部件、保险丝、清洁与安全耗材。
仪器：诊断仪、示波器等。
资料：维修手册、一体化参考书等。

典型案例引入

案例：刘先生的一辆2021款哈弗M6 PLUS汽车，搭载1.5T GW4G15F发动机，行驶5万千米，该车在雨天傍晚通过一段山区小路时，前照灯突然熄灭，近光灯不亮。经班组长检查后初步判断，灯泡完好无损，故障可能在照明系统控制电路。客户要求尽快交车，现要求你与同事合作，在规定时间内完成故障的排除。

为了与实际工作相吻合，同时使学习任务更加具有拓展性，本任务在两辆哈弗M6 PLUS汽车上设置了故障现象相同的不同故障点。

确认故障现象

前照灯灯光检查	1. 近光灯 2. 远光灯 3. 转向信号灯 4. 雾灯	□正常 □不正常 □正常 □不正常 □正常 □不正常 □正常 □不正常	可疑部位判断	□熔断器 □继电器 □线束 □组合开关 □BCM
前照灯组合开关	切换功能	□正常 □不正常	判断	□机械故障

知识拓展

　　汽车照明系统发展历程：1911 年，电灯被用于汽车照明；1913 年，汽车前照灯被置于挡泥板上；1921 年，林肯汽车将转向信号装置作为标准配置；1924 年，双丝灯池问世；1940 年，封闭式前照灯问世。

维修理论基础

操作帮助

验证故障现象

　　为了保证汽车道路行驶的安全稳定性，减少车辆交通意外的发生，汽车上都装有多种照明设备和灯光信号装置，俗称_____，它已成为汽车上不可或缺的组成部分。

　　本任务以哈弗 M6 PLUS 车型作为学习基础，照明系统为汽车行驶照明，车外照明设备主要有前组合灯、后组合灯、牌照灯、雾灯等，车内照明设备主要有阅读灯、顶灯、行李舱灯及各种背景灯等，各种照明设备装在各自所需照明的位置，并配以独立的控制开关和线路及保险丝等，它们共同组成照明系统。照明系统同时还有信号提示功能，产生光信号，向其他车辆的驾驶员和行人发出警告，以引起注意，确保车辆行驶安全，包括转向信号、制动信号、危险警告信号、示廓信号、倒车信号等。

（一）汽车照明系统的分类

　　汽车照明系统可分为车内照明和车外照明两部分。

　　（1）前照灯：又称前大灯，装于汽车头部两侧，常用于汽车在夜间光线昏暗的路面及隧道中行驶时的照明，为驾驶员安全行车提供保障。汽车的前照灯一般有_____、_____、_____等类型（见图 4-1、图 4-2）。

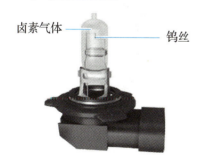

卤素气体　　钨丝

图 4-1　卤素灯

电极
氙气
陶瓷管　　石英管

图 4-2　氙气灯

　　（2）雾灯：雾灯安装位置比前照灯稍低。装于车前方的雾灯称为前雾灯，装于车后方的雾灯称为后雾灯。光色基本呈现为_____，因为黄色具有很强的透雾性。雾灯常用于天气恶劣的环境下改善车辆行驶条件，如在雨雪天、雾霾天等情况下保证有效照明。雾灯开关如图 4-3 所示，雾灯标志符号如图 4-4 所示。

图 4-3　雾灯开关　　　　　　图 4-4　雾灯标志符号

（3）示宽灯与尾灯：示宽灯与尾灯都是低强度灯，主要用于夜间给其他车辆指示车辆位置与宽度。位于车前方两侧靠近前照灯位置的灯称为示宽灯，示宽灯开关如图 4-5 所示，示宽灯标志符号图 4-6 所示。位于车后方两侧的灯称为尾灯。

图 4-5　示宽灯开关　　　　　　图 4-6　示宽灯标志符号

（4）制动灯：俗称刹车灯，安装在车辆尾部，用于提醒后方车辆，该车正在制动，注意保持行车间距，以免发生车辆碰撞。

（5）转向信号灯：安装在车辆两端以及前翼子板上，提醒前、后、左、右等位置的车辆，该车准备转弯或变道，注意行车安全，转向信号灯开关如图 4-7 所示，转向信号灯标志符号如图 4-8 所示。

图 4-7　转向信号灯开关　　　　　图 4-8　转向信号灯标志符号

（6）危险警告灯：俗称双闪，其标志符号如图 4-9 所示。车辆出现紧急情况需要临时停车时，与转向信号灯同时打开，发出危险信号，提示前、后、左、右等位置的车辆，切勿靠近，避免发生车辆碰撞事故。

（7）倒车灯：安装在车辆尾部，倒车灯点亮通过倒车挡位 R 实现，常用于夜间倒车时给驾驶员照明，使其能通过反光镜观察车辆后方情况，也提示后方正在行驶的车辆或行人该车准

图 4-9　危险警告灯
标志符号

备倒车，请注意安全。

（8）牌照灯：安装在车辆牌照上方，用于照明车辆尾部牌照。

（9）仪表灯：安装在车辆内部，用于照明车辆仪表板，方便驾驶员观察仪表板情况，有调节按钮调节亮度。

（10）车内顶灯：安装在车辆顶部，主要用于车内乘客照明。

（11）行李舱灯：常安装在车辆行李舱两侧，用于夜间拿行李物品时的照明。

在图 4-10 中完成各部件的填写。

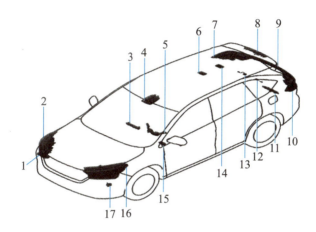

图 4-10　照明系统部件名称及实车位置

1—_____；2—_____；3—_____；4—_____；5—_____；
6—_____；7—_____；8—_____；9—_____；10—_____；
11—_____；12—_____；13—_____；14—_____；15—_____；
16—_____；17—_____

（二）前照灯的基本工作要求

（1）汽车前照灯辐射距离必须保证在 200～250m 的位置，且明亮又均匀。

（2）必须装有防眩目装置，避免因为晃眼使驾驶员看不清前方，引发交通事故。

（三）前照灯的组成和类型

前照灯由反射镜、配光镜和灯泡三部分组成（见图 4-11）。因为_____成本低、技术成熟，且具有较强穿透性等优势，所以现在普遍将_____作为车辆照明首选。

（1）根据灯泡的不同，前照灯有 LED 灯、卤素灯、氙气灯等类型。

1）LED 灯。装有 LED 灯的汽车内外光源均采用 LED 技术，用于外部与内部照明。相同功率下，LED 灯的亮度会更高，点亮速度快，卤素灯点亮需要 0.5s，LED 灯仅需要 0.01s 就能达到最亮。LED 灯的使用寿命长，一般约为 50 000h，点亮过程中产生的热能少，能耗更低，显色性好，使人眼的舒适性高。

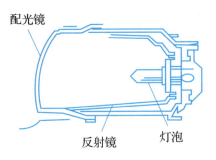

图 4-11　前照灯的组成

2）卤素灯。卤素灯有其独特的配光结构，每支灯内有两种灯丝，一种是发出的光被遮光板挡到灯罩反射镜的上半部分，其反射出去的光线朝下漫射向地面，不会使对面来车的驾驶员眩目，从而形成近光；另一种是发出的灯光经灯罩反射镜反射后径直向前射去，从而形成远光，如图 4-12 所示。

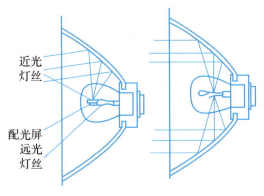

图 4-12　卤素灯

3）氙气灯。氙气灯是一种含有氙气的新型前照灯，又称为高强度放电灯或气体放电灯，英文简称为 HID（High Intensity Discharge Lamp）。目前奔驰 E 级车、宝马 7 系列、丰田凌志、本田阿库拉等高档车都使用了这种新型前照灯。氙气灯亮度大，发出的亮色调与太阳光比较接近，消耗功率低，可靠性高，不受车上电压波动影响。

氙气灯由小型石英灯泡、安定器和电子控制单元组成，如图 4-13 所示。接通电源后，安定器在几微秒内将电压提升到 2 万伏以上，高压脉冲电加在石英灯泡内的金属电极之间，激励灯泡内的物质（氙气、少量的水银蒸气、金属卤化物）在电弧中电离产生光亮。高温导致碰撞激发，随压力升高线光谱变宽形成带光谱。在灯开关接通的一瞬间，氙气灯即产生与 55W 卤素灯一样的亮度，约 3s 达到全部光通量。氙气灯灯泡的玻璃叶罩用坚硬的耐温耐压石英玻璃（二氧化硅）做成，灯内充入高压氙气，缩短了灯被点亮的时间，灯光的颜色则由充入灯泡内的氙气、水银蒸气和金属卤化物所决定。

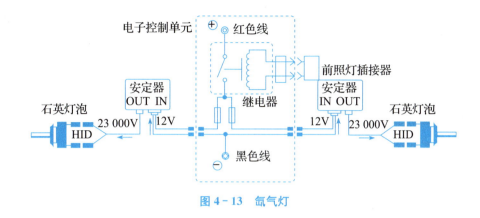

图4-13　氙气灯

> **知识拓展**
>
> 　　氙气灯与卤素灯的主要区别在于前者通过气体电离发光，后者通过加热钨丝发光。虽然氙气灯的发光电弧与卤素灯的钨丝长度、直径一样，但发光效率和亮度提高了2倍。由于不用灯丝，没有了传统灯易脆断的缺陷，寿命提高了4倍。据测试，一个35W的氙气灯光源可产生55W卤素灯2倍的光通量，使用寿命与汽车差不多。因此，安装氙气灯不仅可以减少电能消耗，还相应提高了车辆的性能，这对于轿车而言具有重要的意义。

　　(2) 根据光学系统结构的不同，前照灯可分为半封闭式、封闭式和投射式三种。

　　1) 半封闭式前照灯。半封闭式前照灯的配光镜与反射镜粘在一起不可拆开，灯泡可以从反射镜后端装入。半封闭式前照灯的优点是灯丝烧断后只需更换灯泡，缺点是密封性不良。组合式前照灯将前转向信号灯、前示宽灯、远光灯和近光灯组合成一个整体，同时将反射镜和配光镜使用有机材料制作成一个整体，灯泡可以方便地从后面装入。使用组合式前照灯，汽车制造厂能按需要生产各种式样的前照灯配光镜，以改进汽车空气动力特性、燃料经济性和汽车造型。

　　2) 封闭式前照灯。封闭式前照灯分为标准封闭式前照灯和卤钨封闭式前照灯。标准封闭式前照灯的光学系统，是将反射镜和配光镜熔焊为一个整体，形成灯泡外壳，灯丝焊在反射镜底座上。反射镜的反射面经真空镀铝，灯泡内充入惰性气体与卤素。这种结构的优点是密封性能好，反射镜不会受到大气的污染，反射效率高，使用寿命长。但灯丝烧坏后，需更换整个灯光组，成本较高。

　　3) 投射式前照灯。投射式前照灯的光学系统主要由灯泡、反射镜、遮光镜、凸型配光镜组成。凸型配光镜很厚且无刻纹，反射镜为椭圆形，所以其外径很小。投射式前照灯具有两个焦点，第一个焦点为灯泡，第二个焦点在灯光中形成。光线经过凸型配光镜聚集投向远方。

知识拓展

投射式前照灯的优点是焦点性能好，其光线投射途径如下：

（1）灯泡射向上部的光线经过反射镜投向第二个焦点后，经过凸型配光镜聚焦投向远方。

（2）灯泡射向下部的光线经过遮光镜反射，反射回反射镜再投向第二个焦点，经过凸型配光镜聚焦投向远方。

（四）前照灯电路的组成

前照灯电路通常由灯光开关、近光灯、远光灯、远近光指示灯、＿＿＿＿＿＿、线束及＿＿＿＿＿＿、＿＿＿＿＿＿等组成。

灯光开关的形式有拉锯式、旋转式和组合式等多种，现代汽车上使用较多的是将前照灯、尾灯、转向信号灯开关及变光开关等制成一体的组合开关。

图 4-14 所示的组合开关是哈弗 M6 PLUS 汽车使用的组合开关，转动开关端部，便可依次接通示宽灯、前照灯；将开关向下压，可将近光灯转变为远光灯；将开关向上下拨动，远光和近光灯闪烁切换，该操作可作为夜间行车时的超车信号，提示前方车辆，该车准备超车，请勿变道；向前拨动开关，右转向信号灯工作，向后拨动开关，左转向信号灯工作。

变光开关可以根据需要切换远光和近光。除了集成在组合开关中，它还有脚踏式机械变光开关的类型。

前照灯的工作电流较大，特别是四灯制的汽车，若用灯光开关直接控制前照灯，车灯开关易烧坏，因此在灯光电路中设有灯光继电器，一般灯光继电器都是＿＿＿＿＿＿。哈弗 M6 PLUS 汽车灯光继电器如图 4-15 所示。

图 4-14　哈弗 M6 PLUS 汽车组合开关

图 4-15　哈弗 M6 PLUS 汽车灯光继电器

（五）前照灯的电子控制装置

为了提高汽车行驶的安全性和方便性，很多车辆采用了_____，因此可对前照灯灯光进行自动控制。

1. 前照灯会车自动变光器

前照灯会车自动变光器的光敏器件一般安装于通风栅之后、散热器之前。当在 200m 以外感受到对方车辆灯光信号时，能够自动地将本车的远光变为近光，防止对方驾驶员出现眩目现象；两车交会后，又可将灯光自动恢复为远光。汽车在配置自动变光器的同时保留了脚踏式机械变光开关。

2. 前照灯昏暗自动发光器

前照灯昏暗自动发光器的作用是：在汽车行驶过程中（并非夜间行驶），当汽车前方的自然光强度降低到一定程度，如汽车通过隧道、山区小路、湿滑路面等时，发光器自动将前照灯电路接通，开灯行驶以确保行车安全，如图 4-16 所示。该装置目前普遍可以选装，常安装在汽车仪表板上。

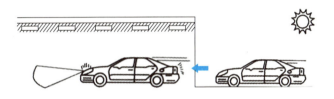

图 4-16 前照灯昏暗自动发光

3. 灯光提示警报系统及自动关闭系统

灯光提示警报系统及自动关闭系统的作用是：当点火开关关闭，但驾驶员忘记关闭灯光开关时，能够自动发出警报，警告驾驶员关闭前照灯和尾灯，或者自动关闭灯光。

4. 前照灯自动关闭延时器

前照灯自动关闭延时器是一种自动关闭前照灯的控制装置。当汽车停驶时，为驾驶员下车离去提供一小段照明的时间。在有些汽车上还装有 DRL 系统，这样可以自动减弱前照灯在白天使用时的发光强度，以延长灯泡的使用寿命，降低电能的消耗。另外，有些汽车的行李舱里装有灯光损坏传感器，可以在前照灯、尾灯或制动灯等灯泡损坏时，发出警报，提醒驾驶员。

（六）哈弗汽车近光灯系统电路图的识读

小试身手： 哈弗 M6 PLUS 汽车近光灯系统电路如图 4-17 所示。查阅维修手册，分析哈弗 M6 PLUS 汽车近光灯系统的控制原理。

哈弗 M6 PLUS 汽车近光灯系统电路由控制开关和近光灯继电器控制。开关控制近光灯调节电机及近光灯继电器的导通或断开，以决定是否为近光灯供电。近光灯正常，则说明近光灯线路正常，即蓄电池、总保险丝、灯光开关正常。

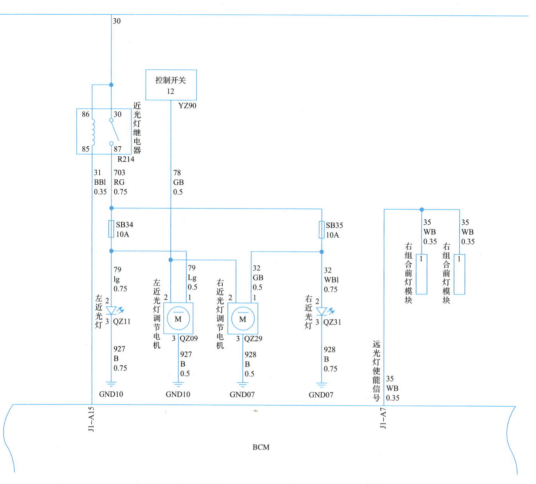

图 4-17　哈弗 M6 PLUS 汽车近光灯系统电路

哈弗 M6 PLUS 汽车近光灯系统电路原理：

第一步，电流经由蓄电池 B+→＿＿＿＿＿＿＿＿＿＿＿＿＿＿→近光灯继电器线圈端子 85 和端子 86 通电，发送信号给 BCM→近光灯继电器端子 87 与端子 30 触点闭合→＿＿＿＿＿＿＿＿＿＿＿＿＿＿＿＿→近光灯（QZ11、QZ31）→搭铁点 GND10、GND07→蓄电池负极，形成回路。

第二步，控制开关→＿＿＿＿＿＿＿＿＿＿＿＿＿→电流分别流经左、右近光灯→搭铁点 GND10、GND07→蓄电池负极，形成回路，左、右近光灯点亮。

（七）哈弗汽车照明系统的实车认知

看图填写部件名称，并写清楚部件在实车中的具体位置。

(1) _____，部件位置在_____。

(2) _____，部件位置在_____。

(3) _____，部件位置在_____。

(4) _____，部件位置在_____。

(5) _____，部件位置在_____。

维修实操基础

完成照明系统的拆装并填写工单。

1. 拆卸组合开关

	操作步骤	操作登记
	①断开蓄电池负极，拆下组合开关上护罩	□已完成
	②拆下 3 个螺钉，拆下组合开关下护罩	□已完成
	③断开线束插接器	□已完成
	④拆下 2 个螺钉，向左侧取下组合开关	□已完成

2. 拆卸灯光总成

	操作步骤	操作登记
	①关闭所有用电器，关闭起动开关，断开蓄电池负极	□已完成
	②拆卸机舱格栅装饰板，拆卸前保险杠总成	□已完成
	③拆卸翼子板装饰板	□已完成
	④拆下 4 个螺栓，断开线束插接器	□已完成

⚠️ **警告**：更换或维修灯具时，禁止使用化学溶剂或强力清洁剂擦洗灯罩，以免对灯罩造成损伤。远近光灯为氙气灯配置时，拆卸组合前灯前请断开蓄电池负极，并等待90s。

制订维修计划

（一）分析故障鱼骨图

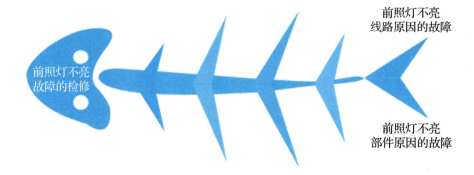

（二）设计维修方案

根据验证的故障现象，设计维修方案，写出方案的具体步骤。

步骤 1	
步骤 2	
步骤 3	
步骤 4	
步骤 5	
步骤 6	
步骤 7	
步骤 8	
步骤 9	
步骤 10	
补充步骤	

（三）绘制诊断流程

学习活动二　　故障检修

学习目标

知识目标：掌握维修工单的填写与修正。

技能目标：能根据微课视频、维修手册正确使用工具、量具、仪器等完成前照灯不亮故障的检修。

能通过视频和图片展示交流、反思检修过程、提出改进建议。

素养目标：培养专业素养和劳动意识。

在电路检测的过程中，培养科学精神和钻研精神。

学习准备

工具：通用拆装工具、内饰撬棒、量具（万用表）、试灯、跨接线。

材料：零部件、保险丝、清洁与安全耗材。

仪器：诊断仪、示波器等。

资料：维修手册、一体化参考书等。

操作过程

（一）读取故障码及数据流

与前照灯相关的DTC	□无 DTC　□有 DTC：＿＿＿＿＿＿＿＿＿＿			
与前照灯相关的数据	项目	数值	单位	判断
	蓄电池电压			□正常　□不正常
	发电机电压			□正常　□不正常
	灯光开关信号			□正常　□不正常
	BCM 信号			□正常　□不正常

操作帮助

读取故障码和数据流

故障码及含义	原因分析
B103694：灯光开关输入错误	灯光开关线束异常、开关损坏 BCM 故障
B101214：近光灯继电器对地短路或开路	近光灯继电器负载线束发生对地短路 近光灯继电器负载过流
B101212：近光灯继电器对电源短路	近光灯继电器负载线束发生对正极短路 近光灯继电器负载过流

（二）选用动作测试

本次任务是否选用动作测试？	□选用	□不选用
如不选用动作测试，请说明原因。 		
如选用动作测试，请勾选相应系统 □发动机系统动作测试　□变速器系统动作测试　□制动系统动作测试　□车身电气系统动作测试		

　　提示：故障码与动作测试要根据车型具体信息来选择，如果没有相关数据，则不需要进行动作测试。

(三) 分析故障范围

故障现象参考	前照灯突然熄灭，近光灯不亮，仪表显示正常
故障原因分析	1. 电源熔断器熔断
	2. 近光灯调节电机故障
	3. 变光开关损坏
	4. 继电器损坏
	5. 导线断路

(四) 排定先后顺序

部件检测顺序	线路检测顺序	维修、更换、调整
1.	1.	
2.	2.	
3.	3.	
4.	4.	
5.	5.	
6.	6.	

(五) 检查测量过程

完成工单的填写，请根据故障范围选择相应的内容和顺序。

1. 近光灯继电器检测

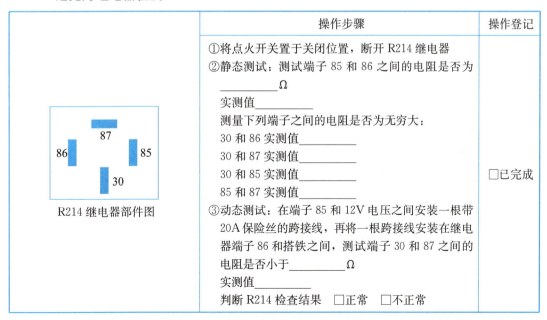

	操作步骤	操作登记
R214 继电器部件图	①将点火开关置于关闭位置，断开 R214 继电器 ②静态测试：测试端子 85 和 86 之间的电阻是否为 _____ Ω 实测值_____ 测量下列端子之间的电阻是否为无穷大： 30 和 86 实测值_____ 30 和 87 实测值_____ 30 和 85 实测值_____ 85 和 87 实测值_____ ③动态测试：在端子 85 和 12V 电压之间安装一根带 20A 保险丝的跨接线，再将一根跨接线安装在继电器端子 86 和搭铁之间，测试端子 30 和 87 之间的电阻是否小于_____ Ω 实测值_____ 判断 R214 检查结果 □正常 □不正常	□已完成

提示：操作视频参考学习任务一中的"起动继电器检测"。

知识拓展

汽车照明系统的故障通常有两类：一类是元件的故障；另一类是线路的故障。我们应先检查元件本身的故障，若没有，应按该系统的线路逐级检查，认真查明出现故障的原因及可能存在的隐患，正确地加以排除。在处理故障时，一般应重点检查两项内容：一是是否有短路，检查接线柱接触不良处（断路）；二是熔断丝是否熔断，在车上均可采用试灯法和万用表进行检查。

2. 近光灯熔断器检测

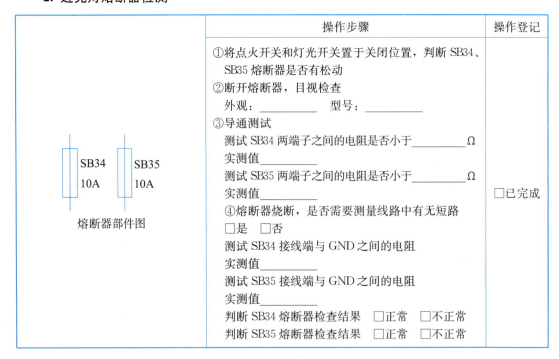

	操作步骤	操作登记
![熔断器部件图] SB34　SB35 10A　　10A 熔断器部件图	①将点火开关和灯光开关置于关闭位置，判断 SB34、SB35 熔断器是否有松动 ②断开熔断器，目视检查 　外观：_____　型号：_____ ③导通测试 　测试 SB34 两端子之间的电阻是否小于_____Ω 　实测值_____ 　测试 SB35 两端子之间的电阻是否小于_____Ω 　实测值_____ ④熔断器烧断，是否需要测量线路中有无短路 　□是　□否 　测试 SB34 接线端与 GND 之间的电阻 　实测值_____ 　测试 SB35 接线端与 GND 之间的电阻 　实测值_____ 判断 SB34 熔断器检查结果　□正常　□不正常 判断 SB35 熔断器检查结果　□正常　□不正常	□已完成

提示：操作视频参考学习任务一中的"起动熔断器检测"。

3. 近光灯电路测试

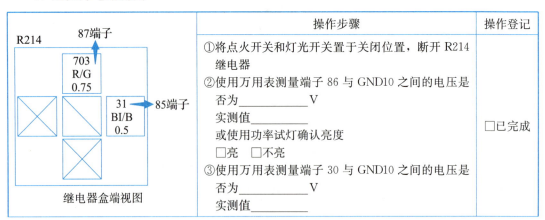

	操作步骤	操作登记
R214 87端子 703 R/G 0.75 31 BI/B 0.5 85端子 继电器盒端视图	①将点火开关和灯光开关置于关闭位置，断开 R214 继电器 ②使用万用表测量端子 86 与 GND10 之间的电压是否为_____V 　实测值_____ 　或使用功率试灯确认亮度 　□亮　□不亮 ③使用万用表测量端子 30 与 GND10 之间的电压是否为_____V 　实测值_____	□已完成

续表

	操作步骤	操作登记
	或使用功率试灯确认亮度 □亮　□不亮 ④使用万用表测量端子 87 与 SB34 或 SB35 之间的电阻是否为＿＿＿＿＿Ω 实测值＿＿＿＿＿ ⑤在端子 85 与端子 86 之间跨接试灯，使用诊断仪或钥匙开关，打开灯光开关，确认试灯 □亮　□不亮 判断 R214/86—GND10 检查结果 □正常　□不正常 判断 R214/85—YZ07/J1/A15 检查结果 □正常　□不正常 判断 R214/30—GND10 检查结果 □正常　□不正常 判断 R214/87—SB34 或 SB35 检查结果 □正常　□不正常 ⑥测试灯光开关线路 　使用万用表测量端子 YZ40/5 与 GND 之间的电阻是否为＿＿＿＿＿Ω 　实测值＿＿＿＿＿ 　使用万用表测量端子 YZ40/6 与 GND 之间的电压是否为＿＿＿＿＿Ω 　实测值＿＿＿＿＿ 　使用万用表测量端子 YZ40/7 与 GND 之间的电压是否为＿＿＿＿＿Ω 　实测值＿＿＿＿＿ 　使用万用表测量端子 YZ40/3 与 GND 之间的电压是否为＿＿＿＿＿Ω 　实测值＿＿＿＿＿ 　判断 YZ40/5—GND14 检查结果 　□正常　□不正常 　判断 YZ40/6—YZ10/J2/A9 检查结果 　□正常　□不正常 　判断 YZ40/7—YZ10/J2/A22 检查结果 　□正常　□不正常 　判断 YZ40/3—YZ10/J2/A21 检查结果 　□正常　□不正常	

操作帮助

前照灯电路测试

4. 近光灯开关、灯泡测试

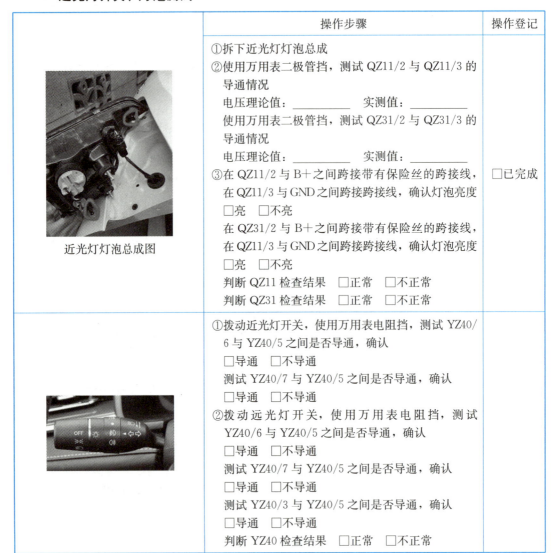

	操作步骤	操作登记
近光灯灯泡总成图	①拆下近光灯灯泡总成 ②使用万用表二极管挡，测试 QZ11/2 与 QZ11/3 的导通情况 　电压理论值：_____　实测值：_____ 　使用万用表二极管挡，测试 QZ31/2 与 QZ31/3 的导通情况 　电压理论值：_____　实测值：_____ ③在 QZ11/2 与 B＋之间跨接带有保险丝的跨接线，在 QZ11/3 与 GND 之间跨接跨接线，确认灯泡亮度 　□亮　□不亮 　在 QZ31/2 与 B＋之间跨接带有保险丝的跨接线，在 QZ11/3 与 GND 之间跨接跨接线，确认灯泡亮度 　□亮　□不亮 判断 QZ11 检查结果　□正常　□不正常 判断 QZ31 检查结果　□正常　□不正常	□已完成
	①拨动近光灯开关，使用万用表电阻挡，测试 YZ40/6 与 YZ40/5 之间是否导通，确认 　□导通　□不导通 　测试 YZ40/7 与 YZ40/5 之间是否导通，确认 　□导通　□不导通 ②拨动远光灯开关，使用万用表电阻挡，测试 YZ40/6 与 YZ40/5 之间是否导通，确认 　□导通　□不导通 　测试 YZ40/7 与 YZ40/5 之间是否导通，确认 　□导通　□不导通 　测试 YZ40/3 与 YZ40/5 之间是否导通，确认 　□导通　□不导通 判断 YZ40 检查结果　□正常　□不正常	

操作帮助

开关、灯泡部件测试

5. 车身控制模块及控制开关

	操作步骤	操作登记
	判断车身控制模块（BCM）检查结果 □正常　□不正常 判断控制开关 YZ90 检查结果　□正常　□不正常	□已完成

（六）确认排除故障

故障确认和排除	1. 故障的确认		
	□元件损坏	请写明元件名称：	
	□线路故障	请写明线路区间：	
	□其他		
	2. 故障点的排除处理说明		
	□更换	□维修	□调整

提示：元件损坏一般以更换为主，线路故障则以维修为主。

（七）验证维修结果

前照灯灯光	□正常 □不正常	如勾选不正常，请判断	□近光灯继电器 □近光灯熔断器 □近光灯灯泡	
维修后DTC读取	□无DTC □有DTC：＿＿＿＿＿＿＿＿＿＿			
维修后数据读取	项目	数值	单位	判断
	蓄电池电压			□正常 □不正常
	发电机电压			□正常 □不正常
	灯光开关信号			□正常 □不正常
	BCM信号			□正常 □不正常

提示：当排除故障后，进行维修质检，查阅故障码和数据流，若出现新的故障现象，则跳回第一步再次按照流程排除故障，直至全部正常。

（八）维修任务拓展

照明系统的常见故障主要有远光灯不亮、前照灯灯光亮度低、灯泡经常烧坏、灯光闪烁等。本任务是根据近光灯不亮故障制定的学习检修流程，请大家根据本次学习的成果，课后单独制定前照灯灯光亮度低或灯泡经常烧坏故障诊断流程。

任务
选择1 前照灯灯光亮度低 （1）前照灯灯光亮度低故障的现象一般表现为：点火开关至STA挡时，打开灯光开关，发现灯光亮度不够。 （2）原因分析：通常是由蓄电池电量不足或发电机及调节器故障所引起的。另外，导线接头松动或接触不良、导线过细或搭铁不良、散光镜坏或反射镜有尘垢、灯泡玻璃表面发黑或功率过低及灯丝没有位于反射镜焦点上等也可导致灯光暗淡。

续表

检查时，首先检查蓄电池和发电机的工作状态。若不符合要求，则应先恢复电源系统的正常工作电压。若电源状态正常，则检查线路的连接情况及灯具是否良好。

选择2　灯泡经常烧坏

（1）灯泡经常烧坏故障的现象一般表现为：点火开关至 STA 挡时，打开灯光开关，使用一段时间后灯泡就烧坏了。

（2）原因分析：灯泡频繁烧坏一般是电压调节器不当或失调，使发电机输出电压过高造成的，应重新将工作电压调整到正常工作范围。此外，灯具接触不良也可能造成灯泡频繁烧坏。

🚗 知识拓展

随着我国经济和社会的发展，企业对实行现代化管理日益重视，特别是在汽车维护行业中，实行7S管理已经成为当今汽车维修企业进行现代化管理的一种趋势。7S管理不仅能够改善生产环境，还能提高生产效率、产品品质、服务水准、员工士气等，是减少浪费、提高生产力的基本要求，也是其他管理活动有效开展的基础。7S管理的内容有整理、整顿、清扫、清洁、安全、素养、节约。

📖 素养悦读之中国汽车工匠

世界技能大赛金牌的"绝技"这样练成

——记世界技能大赛汽车技术项目金牌选手杨绍辉

杨绍辉出生于山东聊城市的一个农村家庭，就读于山东工程技师学院汽车工程系。

进入系统训练课程，杨绍辉和同学们大多数时间都在进行重复性训练，每天训练时间至少14个小时，日复一日，对毅力、体力都是很大的挑战。"遇到问题就争取当天解决，有时会研究到下半夜。"杨绍辉说，面对问题，最好的方法就是实践，只有去做才能找到解决问题的答案。为了看懂英文材料、故障码，他遇到单词就记在本上，一点点啃，现在能自如阅读英文技术文章。

不到一年，杨绍辉就夺得省级职业技能大赛冠军，并被授予"山东省技术能手"称号。此后，他又夺得全国职业技能大赛银牌，获"全国技术能手"荣誉称号，并成功入选第四十七届世界技能大赛国家集训队。

世界技能大赛赛事为期4天，选手要完成8个模块。经过激烈角逐，杨绍辉成功摘得桂冠。"那一刻，我真正理解了技能报国的含义，这也是我个人价值的最高体现。"他说，今后会继续钻研技术，传承工匠精神，为中国制造贡献更多力量。

资料来源：世界技能大赛金牌的"绝技"这样练成. 人民日报，2024-09-27. 有删改.

学习评价

学习活动一　维修基础评价

班级			姓名		学号		日期	
序号	评价内容					配分	得分	层级
1	能正确叙述前照灯不亮故障的现象					5		
2	能掌握前照灯的功用、组成、类型					5		
3	能理解前照灯工作原理					10		
4	能正确识读前照灯系统电路图					10		
5	能查阅维修手册，正确识别前照灯系统部件位置					5		
6	能根据维修手册正确分解前照灯					5		
7	能根据维修手册正确检修前照灯零部件					10		
8	能根据维修手册正确测试前照灯总成					10		
9	能正确使用工具、量具、仪器等完成操作任务					5		□A 档（90～100 分） □B 档（76～89 分） □C 档（60～75 分） □D 档（60 分以下）
10	能根据维修手册分析故障原因，并在教师的帮助指导下完成前照灯不亮故障维修方案的制定					5		
11	遵守课堂纪律，积极接受任务，肯吃苦，会钻研					5		
12	时刻牢记安全第一，践行 7S 理念					5		
13	积极参与课堂讨论，发挥团队合作及创新精神					5		
14	在遇到困难时，不放弃，会思考，敢问询					5		
15	及时完成老师布置的任务及工单填写					10		
总分						100		
个人学习小结								

学习活动二　故障检修评价

班级		姓名		学号		日期	
序号		评价内容	配分	得分		层级	
1		能正确使用诊断仪读取故障码、数据流	5				
2		能合理进行诊断仪的动作测试	5				
3		能正确查阅、使用维修手册	10				
4		能根据维修手册分析故障范围	10				
5		能根据教师和企业师傅的指导，正确排定检测顺序	5				
6		能根据维修手册正确测试前照灯系统部件	5				
7		能根据维修手册正确测试前照灯系统线路	10		□A 档（90～100 分）		
8		能根据维修手册正确维修故障点	10		□B 档（76～89 分）		
9		能正确使用工具、量具、仪器等完成操作任务	5		□C 档（60～75 分）		
10		能在排除故障后进行维修质检验证	5		□D 档（60 分以下）		
11		遵守课堂纪律，积极接受任务，肯吃苦，会钻研	5				
12		时刻牢记安全第一，践行 7S 理念	5				
13		积极参与课堂讨论，发挥团队合作及创新精神	5				
14		在遇到困难时，不放弃，会思考，敢问询	5				
15		及时完成老师布置的任务及工单填写	10				
总分			100				
个人学习小结							

学习任务评价表

班级				姓名			学号					
评价内容	自我评价（20%）			小组评价（30%）			教师评价（20%）			企业评价（30%）		
	10~8	7~4	3~1	10~8	7~4	3~1	10~8	7~4	3~1	10~8	7~4	3~1
学习活动一												
学习活动二												
课堂纪律												
团队合作												
表达能力												
动手能力												
反思能力												
工作态度												
安全意识												
总分												
任务总结												

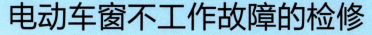

学习任务五
电动车窗不工作故障的检修

任务概述

　　本任务来源于校企合作厂真实的故障案例，围绕车窗玻璃升降器、电动车窗控制电路的检修展开。通过明任务、制计划、定方案、排故障、验质量、拓任务这一完整的流程，学生学会电动车窗不同类型故障的检修方法，具备处理不同类型车窗电路故障的能力，按照汽车维修企业的实际工作流程实施任务。另外，在完成任务的过程中相互协作，树立使用工具、设备的安全意识，养成良好的职业素养。

学习目标

知识目标： 掌握常规电动车窗的组成、类型及工作原理。

　　　　　掌握识读哈弗汽车电动车窗控制电路图的方法。

技能目标： 能根据鱼骨图分析哈弗汽车车窗故障现象及原因，并完成维修方案的制定。

　　　　　能根据微课视频、维修手册正确拆装电动车窗相关部件。

　　　　　能正确使用万用表、诊断仪、试灯等工具仪器，完成电动车窗电路故障的检修。

素养目标： 通过视频和图片展示交流，培养自主学习和沟通能力。

　　　　　培养解决突发问题的专业综合素养。

建议学时

16 学时

学习活动一　　维修基础

学习目标

知识目标： 掌握常规电动车窗的组成、类型及工作原理。

掌握识读哈弗汽车电动车窗控制电路图的方法。

技能目标： 能根据鱼骨图分析哈弗汽车车窗故障现象及原因，并完成维修方案的制定。

能根据微课视频、维修手册认识故障现象，正确拆装电动车窗相关部件。

素养目标： 培养获取、评估、组织和利用信息的能力。

学习准备

工具：通用拆装工具、内饰撬棒、起子套装。

材料：车窗零部件、密封件、清洁与安全耗材。

仪器：诊断仪、万用表等。

资料：维修手册、一体化参考书等。

典型案例引入

案例：一辆 2021 款哈弗 M6 PLUS 汽车，搭载 1.5T GW4G15F 发动机，行驶 4 万千米，该车右后车窗玻璃有时只能上升不能下降，在其他修理厂更换过右后车窗开关、右后车窗玻璃升降器电动机，均未能将故障排除。经班组长检查后初步判断，故障可能在车窗控制电路。客户要求尽快交车，现要求你与同事合作，在规定时间内完成故障的排除。（本案例由东江哈弗 4S 店蒋东明师傅提供。）

为了与实际工作相吻合，同时使学习任务更加具有拓展性，本任务在两辆哈弗 M6 PLUS 汽车上设置了故障现象相同的不同故障点。

确认故障现象

仪器连接	①点火开关关闭 ②正确连接诊断仪	□已完成

续表

故障现象确认 （根据不同故障范围，进行功能 检测，并填写检测结果）	①驾驶员侧车窗自控 ②驾驶员侧控制其他车窗 ③副驾驶侧车窗自控 ④左后侧车窗自控 ⑤右后侧车窗自控	□正常　□不正常 □正常　□不正常 □正常　□不正常 □正常　□不正常 □正常　□不正常
其他（如果有）		

🚗 维修理论基础

汽车车窗玻璃升降器几乎是车身附件中利用率最高的一种功能部件，乘客或驾驶员在车内各种活动的质量直接受到该附件操作方便与否以及是否可靠运行的影响。车窗玻璃升降器还是一种运动件，与之相配合的零部件很多，影响升降效果的因素多且情况复杂，目前普通汽车车窗主要是_____和_____。

操作帮助

确认故障现象

（一）电动车窗系统的组成

电动车窗系统主要由车门钣金、_____、车窗玻璃、_____、_____、继电器和控制开关等组成，如图5-1所示。车窗玻璃的开闭功能是通过车门玻璃升降系统实现的，其中电动机一般采用_____电动机，驾驶员或乘客通过车窗升降开关控制电动机正反转，电动机带动升降器运动。

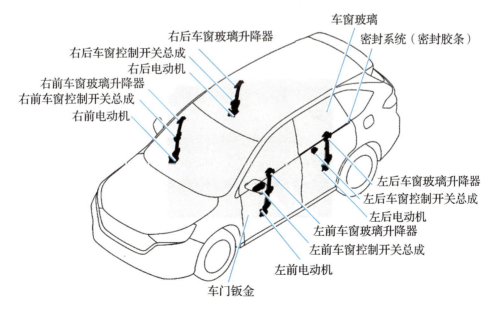

图5-1　电动车窗系统

1. 车门钣金与密封系统

车门钣金主要用于_____密封系统、升降器、电动机以及车门开关等零件，同时为玻璃升降器提供_____。密封系统为玻璃运动提供导向作用，同时也可以降低玻璃运动时的摩擦阻力，降低摩擦噪声并起密封作用。

2. 车窗玻璃及玻璃升降器

车窗玻璃是汽车必不可少的车身附件之一，主要起到防护作用，与普通玻璃有一定的区别，主要有_____和_____两种类型。

玻璃升降器一般由操纵机构、传动机构、升降机构、玻璃托架及止动弹簧、平衡弹簧组成。其中_____用以平衡玻璃的重力，无论车窗是上升还是下降，都使操纵机构的负荷基本相同。当车窗下降时，平衡弹簧收缩吸收能量；当车窗上升时，平衡弹簧伸展释放能量，以减轻电动机的负荷。玻璃托架用于安装连接玻璃，推动玻璃沿升降器导轨运动。

车窗玻璃升降器的具体工作过程为：_____→传动机构→_____→玻璃托架。根据升降机构不同分为绳轮式、臂式、软轴式。其中绳轮式和臂式车窗玻璃升降器使用较为广泛。

（1）绳轮式车窗玻璃升降器。主要由升降器电动机、玻璃托架、_____、_____等组成，如图5-2所示。升降器电动机的输出部分与卷丝筒连接，卷丝筒上绕有钢丝绳，钢丝绳连接着玻璃托架。电动机驱动卷丝筒转动来卷动钢丝绳，使与钢丝绳连接的玻璃托架在成型的导轨中_____，达到升降玻璃的目的。

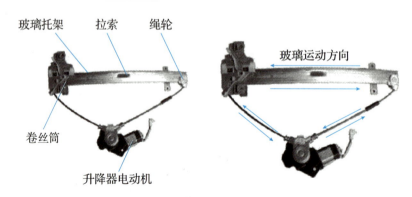

图5-2　绳轮式车窗玻璃升降器

（2）臂式车窗玻璃升降器。主要通过齿轮、齿板啮合传动，除齿轮外，其他构件均为板式结构，加工方便，成本低。但由于其采用悬臂式支承结构，故工作阻力较大，且臂式升降器可实现的运动基本是平面运动，主要应用于平面玻璃或曲率不大的曲面玻璃，所以应用于载货汽车较多。按传动臂不同可分为_____、_____、_____。

做一做：完成图5-3所示结构的填写。

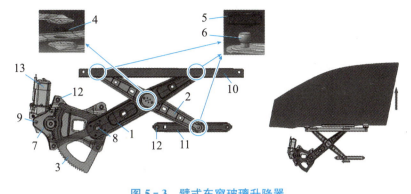

图 5 - 3　臂式车窗玻璃升降器

1—_____；2—_____；3—_____；4—_____；5—_____；
6—_____；7—_____；8—_____；9—_____；10—_____；
11—_____；12—_____；13—_____。

（3）软轴式车窗玻璃升降器（如图 5 - 4 所示）。电动机的输出部分小齿轮与一根外形轮廓类似于弹簧的软轴啮合，软轴装在轴套内且与_____相连。电动机驱动小齿轮旋转带动软轴在轴套内移动，从而使传动臂在导轨中上下运动，达到升降玻璃的目的。软轴式车窗玻璃升降器的结构总体上类似于_____，但只使用一根金属软轴替代钢丝绳来拖动玻璃托架。

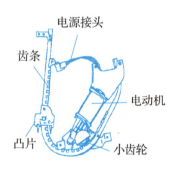

图 5 - 4　软轴式车窗玻璃升降器

3. 车窗电动机

车窗电动机（如图 5 - 5 所示）主要为车窗玻璃升降器提供动力，具有体积小、噪声低、防护等级高、运行可靠等特点。一般使用永磁双向直流电动机，由于车门内空间有限，电动机一般做成扁平形。此外，由于电动机的转速过高，不适合直接应用于电动车窗系统，所以其内部装有_____。电动机中还装有一个或多个_____，当有过载电流通过电动机时，断路器会切断电路，以保护电路。同时，当车窗完全关闭或由于结冰等原因车窗玻璃不能自如运动时，即使操纵开关没有断开，断路器

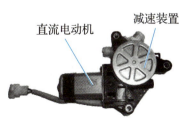

图 5 - 5　车窗电动机

也会自动断路。

4. 车窗控制开关

车窗控制开关一般有两套，一套为_____，另一套为_____。总开关安装在驾驶员侧车门内衬上，可以控制每个车窗玻璃的升降，还可以禁止副驾驶员侧、后排车窗控制开关的使用；分开关安装在副驾驶员侧、后排车门内衬上，乘客可以通过开关对各个车窗进行升降控制。

做一做：完成图5-6所示结构的填写。

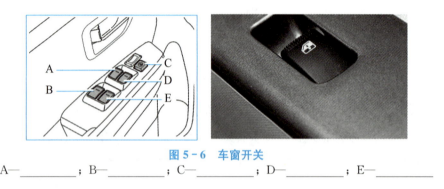

图5-6　车窗开关

A—_____；B—_____；C—_____；D—_____；E—_____

（二）电动车窗系统控制电路分析

1. 普通电动车窗控制电路

普通电动车窗控制电路主要由电动车窗主控开关、电动车窗分控开关和车窗电动机等组成。不同车型采用的电动机及控制电路各不相同，一般有_____和_____两种，如图5-7所示。

直接搭铁式电动车窗系统的电动机一端直接搭铁。电动机内部有两组电磁线圈，接通不同的线圈，电动机的转向不同，实现车窗的上升和下降动作。

画一画：标出图5-8所示的电路的电流流向（用箭头标注）。

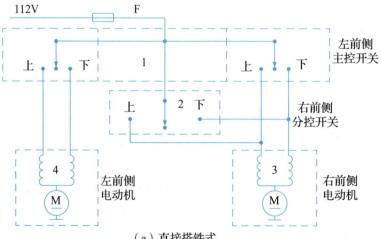

（a）直接搭铁式

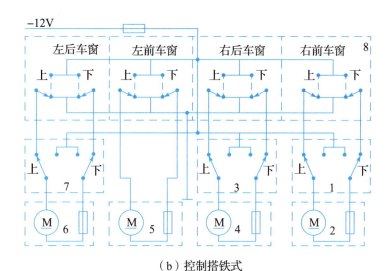

（b）控制搭铁式

图 5-7　普通电动车窗控制电路

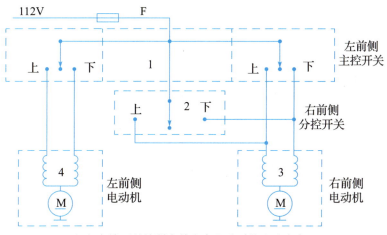

（a）主控开关控制右前车窗上升时的电流方向

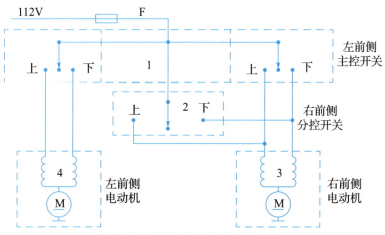

（b）右前侧分控开关控制右前车窗下降时的电流方向

图 5-8　直接搭铁式电动车窗控制电路的电流方向

控制搭铁式电动机结构简单，但开关和控制线路较为复杂。

画一画：标出图 5-9 所示的控制电路的电流流向（用箭头标注）。

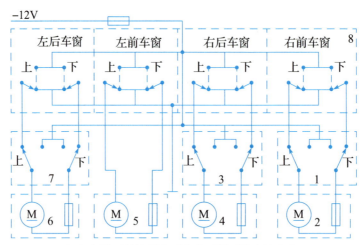

（a）主控开关控制左后车窗下降时的电流方向

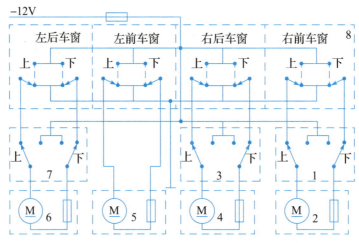

（b）左后侧分控开关控制左后车窗下降时的电流方向

图 5-9　控制搭铁式电动车窗控制电路的电流方向

提示：可先学习图 5-10 和图 5-11 所示的工作过程图。

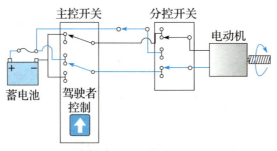

（a）主控开关控制左后车窗上升时的电流方向

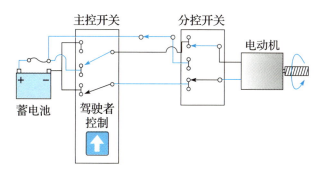

（b）主控开关控制左后车窗下降时的电流方向

图 5 - 10　主控开关控制左后车窗升降时的电流方向

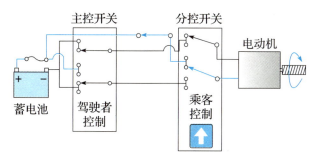

（a）左后开关控制左后车窗上升时的电流方向

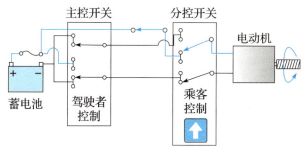

（b）左后开关控制左后车窗下降时的电流方向

图 5 - 11　左后侧分控开关控制左后车窗升降时的电流方向

2. 新型电动车窗控制电路

通用别克朗轿车主驾驶侧电动车窗控制电路如图 5 - 12 所示。主驾驶侧在执行快速上升功能时，驾驶员和乘客侧车门包含的智能车窗电动机将检测_____是否过大并自动反转方向以避免驾驶员或乘客被夹在正在关闭的车窗和门框之间而造成伤害。通过_____车窗控制开关可以操控自动反向安全功能。车窗电动机内的逻辑电路检测通常等于_____的上升、下降和快速信号电路。使用车窗控制开关的一个开关时，触点闭合导致相应信号电路内的电压下降。车窗电动机将检测该压降并指示车窗玻璃按要求的方向移动。驾驶员侧车窗控制开关通过_____电路与_____通信。

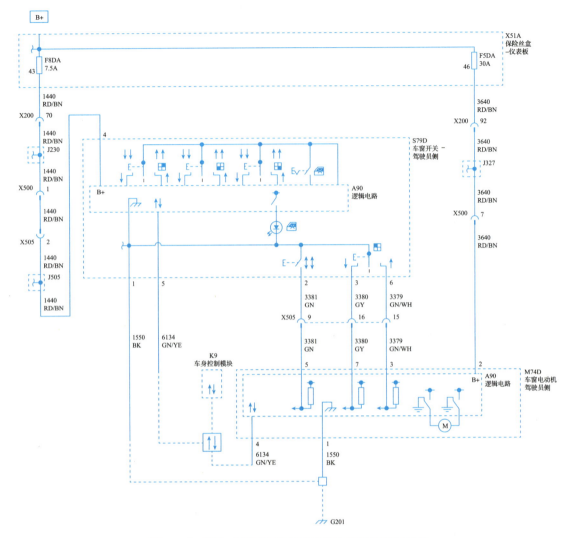

图 5－12　别克威朗轿车主驾驶侧电动车窗控制电路图

当驾驶员想要控制乘客侧车窗时，驾驶员将使用驾驶员侧车窗控制开关的相应开关。使用此开关后，请求乘客侧车窗电动机指令的串行数据信息将发送至车身控制模块，随后车身控制模块将向乘客侧车窗电动机发送串行数据信息，车窗将按要求的方向移动，乘客侧、左后和右后车窗快速下降。

对于乘客侧、右后和左后车门，当它们的车窗开关按至下降位置时，_____施加至各自的车窗电动机控制电路，搭铁则施加至其他车窗电动机控制电路使车窗打开。各个车窗控制开关拉至上升位置时，相反方向的电压和搭铁施加至车窗电动机，使该车窗关闭。搭铁的返回路径通过_____的控制电路提供，该控制电路通过车窗控制开关正常搭铁。

别克威朗轿车车窗控制原理图如图 5 - 13 所示。

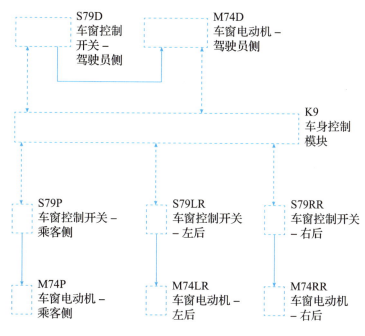

图 5 - 13　别克威朗轿车车窗控制原理图

🚗 **知识拓展**

　　2007 年 5 月 8 日，教育部和通用汽车公司签署了科技发展合作备忘录。别克威朗轿车是 2017—2019 年全国职业院校技能大赛机电维修项目的指定车型。

（三）哈弗汽车电动车窗系统控制电路图的识读

　　小试身手：哈弗 M6 PLUS 汽车车窗控制电路图如图 5 - 14 所示。查阅维修手册，分析哈弗汽车电动车窗控制电路的原理。

　　主驾驶员侧电动车窗控制开关总成有_____，副驾驶员侧车门和后排两后车门拥有独立的车窗控制开关。当主驾驶员侧操作每一个车窗控制开关挡位时，电动车窗控制开关通过_____驱动玻璃升降器执行电动机转动方向的改变来实现车窗玻璃_____，当副驾驶员侧、后排两车门独立操作电动车窗控制开关挡位时，车窗控制开关通过逻辑电路驱动玻璃升降器_____转动方向的改变来实现车窗玻璃的升降。切换车窗上升、下降动作时，需要在上升、下降之间暂停_____ms。

　　按压车窗锁止开关，可以开启或关闭车窗锁止功能。启用车窗锁止功能后，将无法使用_____的车窗控制开关，仅可以使用前排车门上的车窗控制开关控制相应车窗。

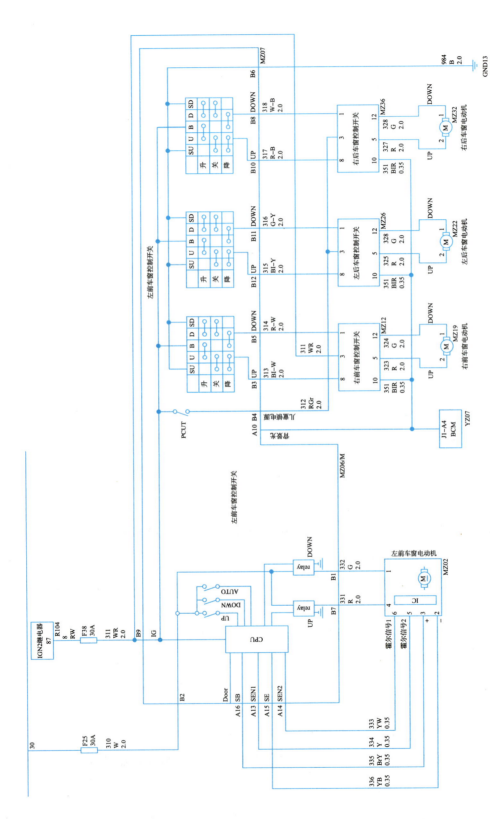

图 5－14　哈弗 M6 PLUS 汽车车窗控制电路图

资料来源：哈弗 M6 PLUS 汽车维修手册．

（四）哈弗汽车电动车窗的实车认知

看图填写部件名称，并写清楚部件在实车中的具体位置。

（1）＿＿＿＿＿＿，部件位置在＿＿＿＿＿＿＿＿＿＿＿＿＿＿＿＿＿＿。

（2）＿＿＿＿＿＿，部件位置在＿＿＿＿＿＿＿＿＿＿＿＿＿＿＿＿＿＿。

（3）＿＿＿＿＿＿，部件位置在＿＿＿＿＿＿＿＿＿＿＿＿＿＿＿＿＿＿。

（4）＿＿＿＿＿＿，部件位置在＿＿＿＿＿＿＿＿＿＿＿＿＿＿＿＿＿＿。

（5）＿＿＿＿＿＿，部件位置在＿＿＿＿＿＿＿＿＿＿＿＿＿＿＿＿＿＿。

拓展思考：现在汽车上的用电器越来越多，驾驶员需要手动操作的用电器开关也越来越多，这不仅增加了驾驶员的负担，还会影响行车安全。因此，为了满足消费者在车内工作、休息、娱乐以及行车安全等方面的要求，汽车上配备了通过语音识别技术控制音频和视频播放器、空调、电动车窗等的模块。请问：车载"打开车窗""关闭车窗"是如何实现语音控制的？

操作帮助

实物认知

维修实操基础

操作前注意事项：车窗初始化。

（1）＿＿＿＿＿＿需要对左前车窗升降进行初始化。

（2）将需要学习的车窗玻璃升到顶，并＿＿＿＿＿＿，再上下自动升降一个循环，即可完成学习。

（3）左前车窗需要独立地进行初始化操作（在这个过程中，电压要保持在＿＿＿＿＿＿V）。

完成电动车窗的拆装并填写工单。

1. 准备拆装工具

操作步骤	操作登记
①检查整理工位	□已完成
②清点拆装工具	□已完成

2. 将玻璃从下止点上升，将玻璃调至初始装配位置

操作步骤	操作登记
①打开点火开关	□已完成
②将需要拆卸的车窗玻璃上升	□已完成
③确认上升约230mm（中间位置）	□已完成

3. 关闭点火开关

操作步骤	操作登记
将点火开关置于OFF挡	□已完成

4. 断开蓄电池负极

操作步骤	操作登记
①使用10号扳手松开负极螺栓	□已完成
②断开蓄电池负极	□已完成
③确保负极端子放置位置安全	□已完成

5. 拆卸前门内饰板

操作步骤	操作登记
①使用撬棒撬开固定卡扣	□已完成
②使用双手抬起门板	□已完成
③断开门锁拉线	□已完成
④断开线束插接器	□已完成

6. 揭开前门防水膜

操作步骤	操作登记
①取下隔音棉	□已完成
②撕开前门防水膜	□已完成

7. 拆卸前门玻璃

操作步骤	操作登记
①使用工具拆卸玻璃固定螺栓	□已完成
②使用抹布保护车窗玻璃	□已完成
③小心抬下车窗玻璃	□已完成

8. 断开线束插接器

操作步骤	操作登记
①断开线束固定卡扣	□已完成
②断开线束插接器	□已完成

9. 拆下前门拉手盒安装支架 2 个固定螺栓，取下前门拉手盒安装支架

操作步骤	操作登记
①使用工具预松支架固定螺栓	□已完成
②取下固定螺栓	□已完成
③小心取下安装支架	□已完成

10. 松开主驾驶员侧车窗玻璃升降器 5 个固定螺栓，取下主驾驶员侧车窗玻璃升降器

操作步骤	操作登记
①使用工具预松支架固定螺栓	□已完成
②取下固定螺栓	□已完成
③小心取下玻璃升降器	□已完成

11. 安装（与拆卸顺序相反）	□已完成
12. 清洁整理工位	□已完成

操作帮助

电动车窗的拆装

🚗 **制订维修计划**

（一）分析故障鱼骨图

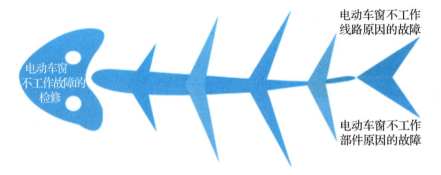

电动车窗不工作
线路原因的故障

电动车窗
不工作故障的
检修

电动车窗不工作
部件原因的故障

（二）设计维修方案

根据验证的故障现象，设计维修方案，写出具体方案的步骤。

步骤 1	
步骤 2	
步骤 3	
步骤 4	
步骤 5	
步骤 6	
步骤 7	
步骤 8	
步骤 9	
步骤 10	
步骤 11	
步骤 12	
补充步骤	

（三）绘制诊断流程

学习活动二　故障检修

学习目标

知识目标： 掌握维修工单的填写与修正。

技能目标： 能根据微课视频、维修手册正确使用工具、量具、仪器等完成电动车窗故障的检修。

能通过视频和图片展示交流、反思检修过程、提出改进建议。

素养目标： 培养评价和反馈能力，以及分析问题、解决问题的能力。

学习准备

工具：通用拆装工具、内饰撬棒、量具（万用表）、试灯、跨接线。

材料：零部件、保险丝、清洁与安全耗材。

仪器：诊断仪等。

资料：维修手册、一体化参考书等。

操作过程

（一）读取故障码和数据流

与电动车窗相关的 DTC	□无 DTC　□有 DTC：＿＿＿＿＿＿＿＿＿＿＿＿
与电动车窗相关的数据	□正常　□不正常

 知识拓展

　　电动车窗防夹功能是指在车窗快速上升的过程中，有手臂或者其他物体进入玻璃上升区域时，玻璃上升受到阻碍自动停止或改变运动方向。其原理是：驱动机构中有防夹电控单元及霍尔传感器时刻检测电动机的转速，当玻璃在上升过程中受到阻碍，阻力大于一定值（防夹电控单元标定值）时，霍尔传感器检测到转速有变化，实时将数据发送给防夹电控单元，防夹电控单元会判断玻璃上升区域有障碍物，继而向继电器发出指令，使电动机停转或反转（下降）。防夹功能一个升降行程内只有一次，其后必须初始化玻璃的上下位置才可再次启用防夹功能。

（二）选用动作测试

本次任务是否选用动作测试？	□选用	□不选用
如不选用动作测试，请说明原因。		
如选用动作测试，请勾选相应系统 □发动机系统动作测试　□变速器系统动作测试　□制动系统动作测试　□车身电气系统动作测试		

（三）分析故障范围

确定故障范围		□可能	□不可能
		□可能	□不可能
		□可能	□不可能
		□可能	□不可能
		□可能	□不可能
		□可能	□不可能
		□可能	□不可能

　　提示：（1）分析故障范围时，尽可能多地列举划定为可能的内容。

　　（2）列举内容划定为不可能时，最好写明判断的依据。

（四）排定先后顺序

部件检测顺序	线路检测顺序
1.	1.
2.	2.
3.	3.
4.	4.
5.	5.
6.	6.

提示：排定检测顺序时要充分考虑部件和线路在实车上的位置和实际检测维修的难易程度。建议将查看维修手册和观察实车相结合，也可先咨询指导教师或企业师傅。

（五）检查测量过程

完成工单的填写，请根据故障范围选择相应的内容和顺序。

1. 左前总控开关线束检测

	操作步骤	操作登记
12　□□□□　7 6　□□□□　1 左前总控开关线束端视图	①将点火开关置于关闭位置，断开 MZ06 线束插接器 ②使用万用表测试 MZ06/1（左前上升信号）与搭铁之间的电阻是否为_____Ω 　实测值_____ 　判断检查结果　□正常　□不正常 　测试 MZ06/7（左前下降信号）与搭铁之间的电阻是否为_____Ω 　实测值_____ 　判断检查结果　□正常　□不正常 　测试 MZ06/6（左前接地）与搭铁之间的电阻是否为_____Ω 　实测值_____ 　判断检查结果　□正常　□不正常 ③点火开关打开，使用万用表或试灯 　测试 MZ06/2（左前电源）与搭铁之间的电压是否为_____V 　实测值_____ 　判断检查结果　□正常　□不正常 　测试 MZ06/4（左前儿童锁电源）与搭铁之间的电压是否为_____V 　实测值_____ 　判断检查结果　□正常　□不正常 　测试 MZ06/9（点火电源）与搭铁之间的电压是否为_____V 　实测值_____ 　判断检查结果　□正常　□不正常 ④断开相应车窗插接器，测试左前与相应车窗连接是否导通 　测试 MZ06/3（右前车窗电动机上升）与 MZ12/8 端对端电阻是否小于_____Ω 　实测值_____ 　判断检查结果　□正常　□不正常 　测试 MZ06/5（右前车窗电动机下降）与 MZ12/1 端对端电阻是否小于_____Ω 　实测值_____	□已完成

续表

	操作步骤	操作登记
	判断检查结果　□正常　□不正常 测试 MZ06/10（右后车窗电动机上升）与 MZ36/8 端对端电阻是否小于_____Ω 实测值_____ 判断检查结果　□正常　□不正常 测试 MZ06/8（右后车窗电动机下降）与 MZ36/1 端对端电阻是否小于_____Ω 实测值_____ 判断检查结果　□正常　□不正常 测试 MZ06/12（左后车窗电动机上升）与 MZ26/8 端对端电阻是否小于_____Ω 实测值_____ 判断检查结果　□正常　□不正常 测试 MZ06/11（左后车窗电动机下降）与 MZ26/1 端对端电阻是否小于_____Ω 实测值_____ 判断检查结果　□正常　□不正常 **提示**：判断儿童锁电源控制，一定要考虑到该电源来自电路板，电路板如果没有工作，则不会提供儿童锁电源，当无法测试端子时，在不破坏线束插接器的情况下，可以考虑背部测量	

操作帮助

左前总开关线束检测

2. 左前总控开关部件检测

	操作步骤	操作登记
	①目视检查：外观_____ ②导通测试 　关闭状态下，3（右前上升信号）、12（左后上升信号）、10（右后上升信号）与 6 之间的电阻是否小于_____Ω 　实测值_____ 　5（右前下降信号）、11（左后下降信号）、8（右后下降信号）与 6 之间的电阻是否小于_____Ω 　实测值_____ 　判断检查结果　□正常　□不正常	□已完成

续表

	操作步骤	操作登记
	拨到上升挡位，3（右前上升信号）、12（左后上升信号）、10（右后上升信号）与 9 之间的电阻是否小于_____Ω 实测值_____ 判断检查结果　□正常　□不正常 拨到下降挡位，5（右前下降信号）、11（左后下降信号）、8（右后下降信号）与 9 之间的电阻是否小于_____Ω 实测值_____ 判断检查结果　□正常　□不正常 判断左前总控开关检查结果　□正常　□不正常	

操作帮助

左前总开关部件检测

3. 其他开关线束测试

	操作步骤	操作登记
12　　　　　7 6　　　　　1 右前车窗控制开关 MZ12 线束端视图	①将点火开关置于关闭位置，断开 MZ12 线束插接器 ②使用万用表测试 MZ12/8（上升信号）与搭铁之间的电阻是否为_____Ω 实测值_____ 判断检查结果　□正常　□不正常 测试 MZ12/1（下降信号）与搭铁之间的电阻是否为_____Ω 实测值_____ 判断检查结果　□正常　□不正常 ③使用万用表测试 MZ12/3（电源）与搭铁之间的电压是否为_____V 实测值_____ 判断检查结果　□正常　□不正常 ④断开相应电动机插接器，测试开关与相应电动机连接是否导通 测试 MZ12/5（电机上升）与 MZ19/2 端对端电阻是否小于_____Ω 实测值_____ 判断检查结果　□正常　□不正常	□已完成

续表

	操作步骤	操作登记
	测试 MZ12/12（电动机下降）与 MZ19/1 端对端电阻是否小于_____Ω 实测值_____ 判断检查结果　□正常　□不正常	

	操作步骤	操作登记
 左后车窗控制开关 MZ26 线束端视图	①将点火开关置于关闭位置，断开 MZ26 线束插接器 ②使用万用表测试 MZ26/8（上升信号）与搭铁之间的电阻是否为_____Ω 实测值_____ 判断检查结果　□正常　□不正常 测试 MZ26/1（下降信号）与搭铁之间的电阻是否为_____Ω 实测值_____ 判断检查结果　□正常　□不正常 ③使用万用表测试 MZ12/3（电源）与搭铁之间的电压是否为_____Ω 实测值_____ 判断检查结果　□正常　□不正常 ④断开相应电动机插接器，测试开关与相应电动机连接是否导通 测试 MZ26/5（电动机上升）与 MZ22/2 端对端电阻是否小于_____V 实测值_____ 判断检查结果　□正常　□不正常 测试 MZ26/12（电动机下降）与 MZ22/1 端对端电阻是否小于_____Ω 实测值_____ 判断检查结果　□正常　□不正常	□已完成

	操作步骤	操作登记
 右后车窗控制开关 MZ36 线束端视图	①将点火开关置于关闭位置，断开 MZ36 线束插接器 ②使用万用表测试 MZ36/8（上升信号）与搭铁之间的电阻是否为_____Ω 实测值_____ 判断检查结果　□正常　□不正常 测试 MZ36/1（下降信号）与搭铁之间的电阻是否为_____Ω 实测值_____ 判断检查结果　□正常　□不正常	□已完成

续表

	操作步骤	操作登记
	③使用万用表测试 MZ12/3（电源）与搭铁之间的电压是否为_____V 实测值_____ 判断检查结果　□正常　□不正常 ④断开相应电动机插接器，测试开关与相应电动机连接是否导通 测试 MZ36/5（电动机上升）与 MZ32/2 端对端电阻是否小于_____Ω 实测值_____ 判断检查结果　□正常　□不正常 测试 MZ36/12（电动机下降）与 MZ32/1 端对端电阻是否小于_____Ω 实测值_____ 判断检查结果　□正常　□不正常	

操作帮助

其他开关线束检测

4. 其他开关部件检测

	操作步骤	操作登记
<table><tr><th></th><th>SU</th><th>U</th><th>B</th><th>D</th><th>SD</th></tr><tr><td>升</td><td></td><td>○</td><td>○</td><td>○</td><td>○</td></tr><tr><td>关</td><td>○</td><td>○</td><td>○</td><td></td><td></td></tr><tr><td>降</td><td>○</td><td>○</td><td>○</td><td>○</td><td></td></tr></table> 右前车窗控制开关 MZ12 导通原理图	①目视检查：外观_____ ②导通测试 　关闭状态下，测试 MZ12/5（电动机上升）与 MZ12/8（电动机上升）之间的电阻是否小于_____Ω 实测值_____ 测试 MZ12/1（电动机下降）与 MZ12/12（电动机下降）之间的电阻是否小于_____Ω 实测值_____ 判断检查结果　□正常　□不正常 拨到上升挡，测试 MZ12/5（电动机上升）与 MZ12/3（电源）之间的电阻是否小于_____Ω 实测值_____ 判断检查结果　□正常　□不正常 拨到下降挡，测试 MZ12/12（电动机下降）与 MZ12/3（电源）之间的电阻是否小于_____Ω 实测值_____ 判断检查结果　□正常　□不正常 判断 MZ12 检查结果　□正常　□不正常	□已完成

	操作步骤	操作登记
  （左后车窗控制开关 MZ26 导通原理图） 左后车窗控制开关 MZ26 导通原理图	①目视检查：外观_____ ②导通测试 　关闭状态下，测试 MZ26/5（电动机上升）与 MZ26/8（电动机上升）之间的电阻是否小于_____Ω 　实测值_____ 　MZ26/1（电动机下降）与 MZ26/12（电动机下降）之间的电阻是否小于_____Ω 　实测值_____ 　判断检查结果　□正常　□不正常 　拨到上升挡，测试 MZ26/5（电动机上升）与 MZ26/3（电源）之间的电阻是否小于_____Ω 　实测值_____ 　判断检查结果　□正常　□不正常 　拨到下降挡，测试 MZ26/12（电动机下降）与 MZ26/3（电源）之间的电阻是否小于_____Ω 　实测值_____ 　判断检查结果　□正常　□不正常 　判断 MZ26 检查结果　□正常　□不正常	□已完成

左后车窗控制开关 MZ26 导通原理图

	SU	U	B	D	SD
升		○—○		○—○	
关		○—○—○			
降		○—○		○—○	

	操作步骤	操作登记
  右后车窗控制开关 MZ36 导通原理图	①目视检查：外观_____ ②导通测试 　关闭状态下，测试 MZ36/5（电动机上升）与 MZ36/8（电动机上升）之间的电阻是否小于_____Ω 　实测值_____ 　MZ36/1（电动机下降）与 MZ36/12（电动机下降）之间的电阻是否小于_____Ω 　实测值_____ 　判断检查结果　□正常　□不正常 　拨到上升挡，测试 MZ36/5（电动机上升）与 MZ36/3（电源）之间的电阻是否小于_____Ω 　实测值_____ 　判断检查结果　□正常　□不正常 　拨到下降挡，测试 MZ36/12（电动机下降）与 MZ36/3（电源）之间的电阻是否小于_____Ω 　实测值_____ 　判断检查结果　□正常　□不正常 　判断 MZ36 检查结果　□正常　□不正常	□已完成

右后车窗控制开关 MZ36 导通原理图

	SU	U	B	D	SD
升		○—○		○—○	
关		○—○—○			
降		○—○		○—○	

操作帮助

其他开关部件检测

5. 车窗电动机检测

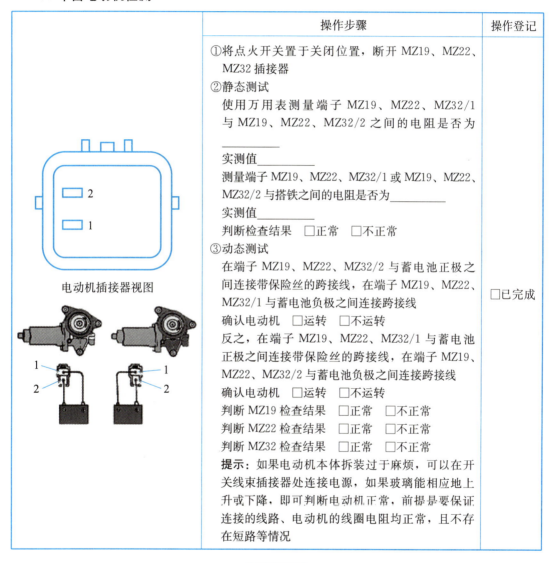

操作步骤	操作登记
①将点火开关置于关闭位置，断开 MZ19、MZ22、MZ32 插接器 ②**静态测试** 　使用万用表测量端子 MZ19、MZ22、MZ32/1 与 MZ19、MZ22、MZ32/2 之间的电阻是否为 _____ 　实测值 _____ 　测量端子 MZ19、MZ22、MZ32/1 或 MZ19、MZ22、MZ32/2 与搭铁之间的电阻是否为 _____ 　实测值 _____ 　判断检查结果　□正常　□不正常 ③**动态测试** 　在端子 MZ19、MZ22、MZ32/2 与蓄电池正极之间连接带保险丝的跨接线，在端子 MZ19、MZ22、MZ32/1 与蓄电池负极之间连接跨接线 　确认电动机　□运转　□不运转 　反之，在端子 MZ19、MZ22、MZ32/1 与蓄电池正极之间连接带保险丝的跨接线，在端子 MZ19、MZ22、MZ32/2 与蓄电池负极之间连接跨接线 　确认电动机　□运转　□不运转 　判断 MZ19 检查结果　□正常　□不正常 　判断 MZ22 检查结果　□正常　□不正常 　判断 MZ32 检查结果　□正常　□不正常 　**提示**：如果电动机本体拆装过于麻烦，可以在开关线束插接器处连接电源，如果玻璃能相应地上升或下降，即可判断电动机正常，前提是要保证连接的线路、电动机的线圈电阻均正常，且不存在短路等情况	□已完成

电动机插接器视图

操作帮助

车窗电机检测

提示：测试时，优先选用合适的 T 形线，反复拔插继电器，插孔可能会变大，导致接触不良，使用带 3A 保险丝的跨接线可以保护部件及线路。

（六）确认排除故障

故障确认和排除	1. 故障的确认		
	□元件损坏	请写明元件名称：	
	□线路故障	请写明线路区间：	
	□其他		
	2. 故障点的排除处理说明		
	□更换	□维修	□调整

提示：（1）元件损坏一般以更换为主，线路故障则以维修为主。

（2）汽车维修行业在维修过程中过度要求更换新配件，虽提高了维修利润，但也引发了一系列的问题。作为新时代的汽车维修人员，应把客户的利益摆在第一位，落实"能修尽量修，能不换尽量不换"。

（七）验证维修结果

仪器连接	①点火开关关闭 ②正确连接诊断仪	□已完成 □已完成
故障现象确认 （根据不同故障范围，进行功能检测，并填写检测结果）	①驾驶员侧车窗自控 ②驾驶员侧控制其他车窗 ③副驾驶员侧车窗自控 ④左后侧车窗自控 ⑤右后侧车窗自控	□正常 □不正常 □正常 □不正常 □正常 □不正常 □正常 □不正常 □正常 □不正常
其他（如果有）		

提示：当排除故障后，进行维修质检，查阅故障码和数据流，若出现新的故障现象，则跳回第一步再次按照流程排除故障，直至全部正常。

（八）维修任务拓展

请大家根据本任务的学习成果，任意选取一项任务，团队合作完成下列车型的车窗诊断。

任务

选择1 别克威朗轿车主驾驶侧车窗故障诊断

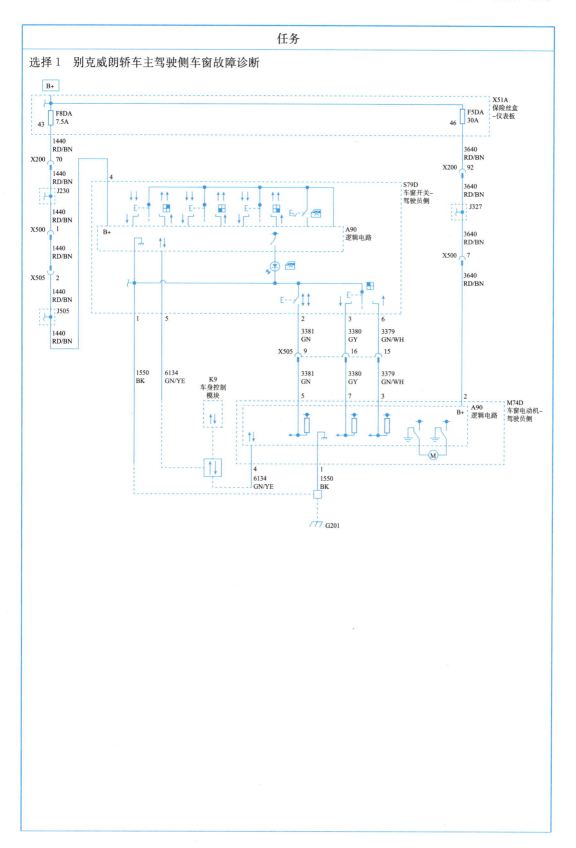

续表

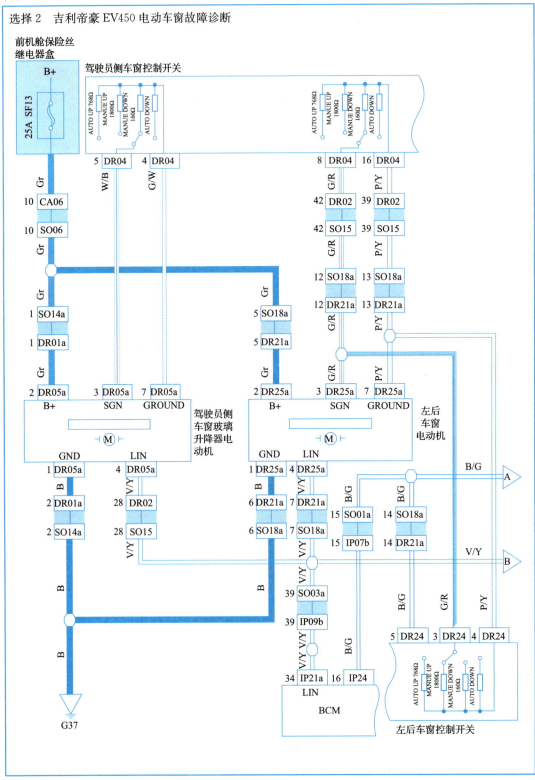

选择2　吉利帝豪EV450电动车窗故障诊断

素养悦读之中国汽车工匠

杨永修：培养大国工匠　助力汽车产业发展

"习近平主席访美时，咱们的红旗车 N701 火爆出圈，这让我倍感骄傲与自豪。"全国人大代表，中国一汽研发总院高级技师、集团公司首席技能大师杨永修回忆起网络"刷屏"红旗车 N701 的情景，内心仍激动不已。

2020 年初他接到在 N701 项目中试制新型门把手的任务，由于传统夹具无法夹取方形平面，便决定自主升级改造三轴机床，设计搭载转台、新型夹具，复杂、立体、多角度、一体化加工的难题迎刃而解。

"振兴红旗品牌是中国一汽的光荣使命，作为新时代的产业工人，我很荣幸这份使命落在了我们的肩头。"杨永修说，岗位意味着责任和重托，作为新时代的产业工人，无论在什么岗位都要履职尽责，奉献自己全部智慧和热情。

近年来，杨永修带领团队主要承担红旗车自主研发的发动机、变速箱及底盘等精密零部件的数控加工工作，先后完成了 30 余项国家级、集团级重点项目的试制任务，累计攻克 130 多项技术难题，节创价值达 2 000 多万元。在集体观看国庆阅兵的现场直播时，当红旗检阅车出现在屏幕上，杨永修和伙伴们心潮澎湃。让他自豪的是，这其中有他和团队的一份智慧和汗水。这款红旗检阅车装载着国内首款自主研发的 V12 发动机，其加工水平国际领先，结束了多缸发动机核心部件需由国外加工的历史，填补了国内 V 形发动机的制造空白，让红旗检阅车真正拥有了中国"心"。

资料来源：王泰泉，李朝瑞，孟伟. 杨永修：培养大国工匠助力汽车产业发展. 中国人大，2024 (4)：48. 有删改.

学习评价

学习活动一　维修基础评价

班级		姓名		学号		日期		
序号	评价内容				配分	得分	层级	
1	能正确叙述电动车窗不工作的故障现象				5			
2	能掌握电动车窗的组成、类型				5			
3	能理解电动车窗工作原理				10			
4	能正确识读、分析电动车窗控制电路图				10			
5	能查阅维修手册，正确识别哈弗电动车窗部件位置				10			
6	能根据维修手册正确拆装电动车窗相关结构				10			
7	能正确使用工具、量具、仪器等完成操作任务				10		□A档（90～100分）	
8	能根据维修手册分析故障原因，并在教师的帮助指导下完成电动车窗不工作故障维修方案的制定				10		□B档（76～89分） □C档（60～75分） □D档（60分以下）	
9	遵守课堂纪律，积极接受任务，肯吃苦，会钻研				5			
10	时刻牢记安全第一，践行7S理念				10			
11	积极参与课堂讨论，发挥团队合作及创新精神				5			
12	在遇到困难时，不放弃，会思考，敢问询				5			
13	及时完成老师布置的任务及工单填写				5			
总分					100			
个人学习小结								

学习活动二　故障检修评价

班级		姓名		学号		日期	
序号	评价内容			配分	得分	层级	
1	能正确查阅、使用维修手册			10			
2	能根据维修手册分析故障范围			10			
3	能根据教师和企业师傅的指导，正确排定检测顺序			10			
4	能根据手册、微课视频正确测量电动车窗系统部件			10			
5	能根据手册、微课视频正确测量电动车窗系统线路			10			
6	能根据维修手册正确维修故障点			10		□A档（90~100分） □B档（76~89分） □C档（60~75分） □D档（60分以下）	
7	能正确使用工具、量具、仪器等完成操作任务			5			
8	能在排除故障后进行维修质检验证			5			
9	遵守课堂纪律，积极接受任务，肯吃苦，会钻研			5			
10	时刻牢记安全第一，践行7S理念			5			
11	积极参与课堂讨论，发挥团队合作及创新精神			5			
12	在遇到困难时，不放弃，会思考，敢问询			5			
13	及时完成老师布置的任务及工单填写			10			
总分				100			
个人学习小结							

学习任务评价表

班级				姓名				学号			
评价内容	自我评价（20%）			小组评价（30%）			教师评价（20%）			企业评价（30%）		
	10～8	7～4	3～1	10～8	7～4	3～1	10～8	7～4	3～1	10～8	7～4	3～1
学习活动一												
学习活动二												
课堂纪律												
团队合作												
表达能力												
动手能力												
反思能力												
工作态度												
安全意识												
总分												
任务总结												

空调系统不制冷故障的检修

任务概述

　　本任务来源于校企合作厂真实的故障案例，围绕空调不制冷故障的检修展开。通过明任务、制计划、定方案、排故障、验质量、拓任务这一完整的流程，学生学会空调系统不制冷故障的检修方法，具备处理不同类型空调系统故障的能力，按照汽车维修企业的实际工作流程实施任务。另外，在完成任务的过程中相互协作，树立使用工具、设备的安全意识，养成良好的职业素养。

学习目标

知识目标： 掌握汽车空调系统的结构、工作原理、功能及装配关系，以及空调操控面板各操控键的功能。

掌握识读空调系统电路图的方法。

技能目标： 能根据维修手册分析故障原因，并完成维修方案的制定。

能根据汽车空调的使用性能，制订维护计划，并熟练实施空调的基本维护作业。

能利用汽车空调制冷原理，分析汽车空调故障的原因。

能根据汽车空调系统的结构特点，排除汽车空调故障。

能正确使用常用工具、仪器仪表等设备，实施维修作业。

素养目标： 培养分析问题、解决问题的能力，激发创新潜能，提高专业综合能力，提高适应快速变化的社会和职业环境的能力。

建议学时

16 学时

学习活动一　　　　维修基础

学习目标

知识目标：掌握空调系统的结构和工作原理。根据汽车空调维护作业规范，描述汽车空调制冷剂回收与加注作业规范。

掌握汽车空调控制面板各操控键的功能。

技能目标：能根据维修手册分析故障原因，并完成维修方案的制定。

能按要求正确操控汽车空调，会分析汽车空调电气控制系统电路。

会就车拆换汽车空调制冷系统部件，对压缩机、空调制冷系统元件实施检修作业。

能正确拆装、清洁空调配气系统和供暖系统，能实施制冷剂回收与加注作业。

素养目标：积极参与课堂讨论，提高沟通水平，发挥团队合作能力。

学习准备

工具：通用拆装工具、内饰撬棒、量具、汽车制冷剂加注回收机、抽真空泵、歧管压力表组。

材料：制冷剂、零部件、保险丝、清洁与安全耗材。

仪器：诊断仪、雪种检漏仪、卤素检漏仪、环保雪种表、解码器等。

资料：维修手册、一体化参考书等。

典型案例引入

案例：一辆哈弗 M6 PLUS 汽车，行驶里程 8 万千米，车主打开空调，等待几分钟后，出风口的温度没有明显变化，和自然风没有什么区别，然后先后调试了风速和温度开关，仍然没有效果，现在开到 4S 店来维修。经维修人员检查，发现是空调系统故障，需进一步对空调系统的部件和电路进行检测，以确定故障部位，便于维修或更换。客户要求尽快交车，现要求你与同事合作，在规定时间内完成故障的排除。（本案例由余姚柯信快修童文柯师傅提供）

确认故障现象

发动机故障指示灯（MIL）	□正常　□不正常		
出风口温度及风向	□正常　□不正常	如勾选不正常，请判断	□无出风 □出风弱或风门错误 □温度不正常
空调运转状况	□正常　□不正常	如勾选不正常，请判断	□压缩机未吸合 □鼓风机未转 □AC开关不亮
其他（如果有）			

维修理论基础

（一）空调系统的认识

1. 空调系统的作用

汽车空调能适应气候环境的变化，调节车厢内空气的_____，改善空气质量，防止风窗玻璃上结雾、结霜或结冰，在特殊气候条件下最大限度地保证车内人员的舒适、安全和视野清晰。

操作帮助

空调故障
现象确认

2. 空调的组成

连一连：对应连线空调各系统与其概述。

制冷系统	由进气模式风门、鼓风机、混合空气模式风门、气流模式风门、风道等组成。通风系统通过鼓风机、进气风门、风道将外界新鲜空气吸入车内，起到通风的作用，也起到了很好的防止风窗玻璃起雾的作用。
供暖系统	去除车内空气中的灰尘、异味、烟雾和有毒气体，使车内空气清新。同时，在空气湿度较低时，对车内空气进行加湿，改善车内空气的相对湿度。装有空气净化系统的汽车空调广泛应用于豪华轿车和豪华客车。
通风系统	主要由空调压缩机、蒸发器、冷凝器、储液干燥器、膨胀阀等部件组成，通过制冷剂的持续循环来达到制冷效果。
空气净化系统	主要包括点火开关、空调开关、电磁离合器、鼓风机开关、调速电阻、各种温度传感器、制冷剂高低压开关、温度控制器、送风模式控制装置和各种继电器等。
电气控制系统	由加热器、水阀、水管和发动机冷却液等组成，主要用于制热、除霜。汽车大多以发动机冷却液、余热或燃烧器燃烧产生的热量为加热源，再通过鼓风机送出的车内空气或车外新鲜空气，经加热器加热，使出风口温度升高，达到加热的目的。

对照图 6-1 填写空调系统各组成部分的名称。

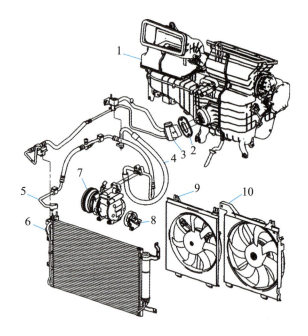

图 6-1　空调系统结构图

1—_____；2—_____；3—_____；4—_____；5—_____；
6—_____；7—_____；8—_____；9—_____；10—_____

（1）冷凝器：是将高压_____制冷剂转换为_____制冷剂的装置，它是通过将制冷剂的热量散发到较冷大气中的方式来完成这种状态的变化。冷凝器的结构形式有很多种，在汽车空调制冷系统中经常采用的有管带式、管片式和平流式等类型。目前采用最多的是平流式冷凝器。

（2）压缩机：是空调系统的动力单元。压缩机排放侧（系统高压侧）排出_____气态制冷剂，吸入侧（系统低压侧）吸入_____制冷剂。根据工作原理的不同，可以分为定排量和变排量压缩机。根据工作方式的不同，可分为往复式和旋转式。常见的往复式压缩机有曲轴连杆式和轴向活塞式，常见的旋转式压缩机有旋转叶片式和涡旋式。

（3）储液干燥器：是液态制冷剂的储存箱，包含_____和干燥剂，用于除去制冷剂中的异质微粒和水分，接收来自冷凝器的高压液态制冷剂，并把它输送到膨胀阀。

（4）膨胀阀：对常温高压制冷剂进行_____。

（5）三元压力开关：由低压开关、高压开关和中压开关组成。当制冷系统压力下降，低压开关置于 OFF 挡时，压缩机停止运转。当制冷系统压力上升，高压开关置于 OFF 挡时，压缩机停止运转。当中压开关置于 ON 挡时，散热器风扇和冷凝器风扇高速运转，加快制冷系统的冷却速度。

（6）蒸发器：经膨胀阀雾化后的常温常压液态制冷剂在蒸发器内汽化，从而带走蒸发器周围的热量，产生冷空气。

（7）暖风水箱：发动机部分高温冷却液流经暖风水箱，加热暖风水箱周围空气，产生热空气。

（8）鼓风机：将车外空气吹入蒸发箱总成内，从而将冷风或暖风吹入车内。

（9）空调滤芯：过滤和净化鼓风机吹入的空气。

（10）空调管：制冷剂通过空调管流通。

（11）蒸发箱总成：暖风和冷风在此产生并被吹入车内，同时可对车内进行换气、通风及空气净化。

3. 空调的类型

按驱动方式分为非独立式和_____；按结构形式分为_____、分体式、分散式；按控制方式分为手动空调、半自动空调、自动空调，如图6-2所示。

图6-2　手动空调、半自动空调与自动空调

手动空调工作时需要打开空调AC开关，开启_____，然后_____工作。根据个人需要手动调节车内温度、出风模式、出风速度，选择空调内外循环模式等。手动空调各个功能的调节通过机械连接，用手操作旋钮来实现。

半自动空调是指空调的温度调节是自动的，根据设定的_____值会自动调整出风口冷热度。风道的方向、风量的大小以及关闭开启内循环是手动的。

自动空调可以分为单温区和双温区两种形式，自动空调在面板上有一个_____键，可使风量、出风模式、温度等实现自动调节。

（二）空调系统的工作原理

空调系统的工作原理如图6-3和图6-4所示。

团队阶段任务		
每一小组找寻汽车空调系统工作原理视频，派代表讲解		
你所在的小组是否完成	阶段得分	教师签字
□完成　□未完成		

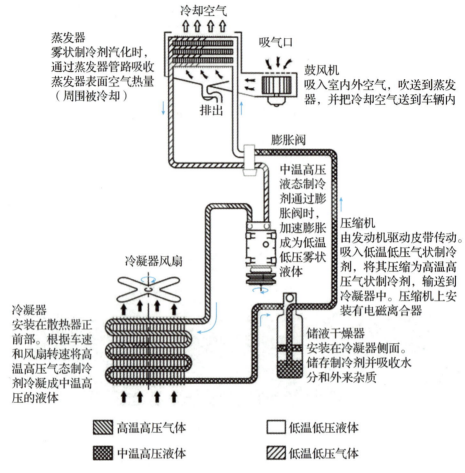

图 6-3　空调制冷系统工作原理

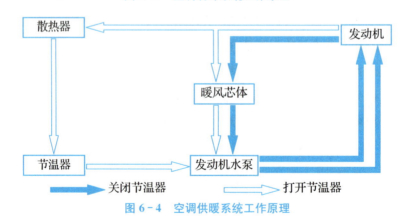

图 6-4　空调供暖系统工作原理

（三）制冷剂与冷冻机油

1. 制冷剂

制冷剂是空调系统中的"热载体"，俗称_____，它可根据空调系统的要求变化，实现制冷循环。

目前车用空调的制冷剂主要是 R134a［见图 6-5（a）］。R134a 中不含_____，是环保制冷剂，对臭氧层无破坏作用，其热力性质稳定，被认为是一种过渡性替代物。

> **知识拓展**
>
> 　目前欧美正在积极进行以 CO_2 为制冷剂的空调系统的研究工作，其产品如果成熟，CO_2 制冷剂有可能是下一代汽车空调制冷剂的主要选择。
>
> 　对于不同的车型，在不同的运行情况下，制冷剂的量基本上都可以通过观察视窗（大多数安装在储液干燥器上，个别也安装在储液干燥器到膨胀阀之间或冷凝器到储液干燥器之间的管路上）了解。

2. 冷冻机油

冷冻机油是一种在高、低温工况下均能正常工作的特殊润滑油［见图 6-5（b）］。

（a）制冷剂　　　　　　（b）冷冻机油

图 6-5　制冷剂与冷冻机油

我国冷冻机油的牌号有 4 个，即 13 号、18 号、25 号和 30 号，牌号越大，其黏度越大。进口的冷冻机油一般有 SUNISO 3GS～SUNISO 5GS 牌号，其牌号越大，黏度也越大。选择冷冻机油时，要充分考虑空调压缩机内部冷冻机油的工作状态，如吸气、排气温度等。根据冷冻机油的特性，在实际选用时，应以低温性能为主进行选择，但也要适当考虑热稳定性能。汽车空调制冷系统一般选择国产的 18 号、25 号冷冻机油，或进口的 SUNISO 5GS 冷冻机油。

（1）_____，它可以润滑压缩机轴承、活塞、活塞环、连杆曲轴等零部件表面，减少阻力和磨损，降低功耗，延长使用寿命。

（2）_____，它能及时带走运动表面摩擦产生的热量，防止压缩机温升过高或压缩机被烧坏。

（3）_____，它会渗入各摩擦件密封面而形成油封，起到阻止制冷剂泄漏的作用。

（4）_____，它会不断冲洗摩擦表面，带走磨屑，可减少摩擦件的磨损。冷冻机油在润滑压缩机的同时，也大大降低了压缩机的噪声。

知识拓展

冷冻机油在空调制冷系统中能完全溶解于制冷剂，并随制冷剂一起在制冷系统中循环，因此，冷冻机油的油温有时会超过120℃，而制冷剂的蒸发温度范围为－30～＋10℃，所以它的工作环境是高温与低温交替。为保证其正常工作，对冷冻机油提出了一些性能要求。

（1）冷冻机油的凝固点要低，在低温下要具有良好的流动性。

（2）冷冻机油应具有一定的黏度，且受温度的影响要小。

（3）冷冻机油与制冷剂的溶解性能要好。

（4）冷冻机油要具有较高的热稳定性，即在高温下不氧化，不分解，不结胶，不积炭。

（5）冷冻机油的挥发性要差。

（6）冷冻机油的化学性质要稳定，与制冷剂和其他材料不会发生化学反应。

（7）冷冻机油中应无水分。若冷冻机油中的水分过多，则会在膨胀阀节流口处结冰，造成冰堵。

（四）哈弗汽车空调系统电路

小试身手： 空调压缩机控制电路如图 6 - 6 所示。查阅维修手册，分析哈弗汽车空调压缩机电路控制原理。

（五）哈弗汽车空调系统实车认知

看图填写部件名称，并写清楚部件在实车中的具体位置。

（1）_____，部件位置在_____。

（2）_____，部件位置在_____。

（3）_____，部件位置在_____。

（4）_____，部件位置在_____。

（5）_____，部件位置在_____。

（6）_____，部件位置在_____。

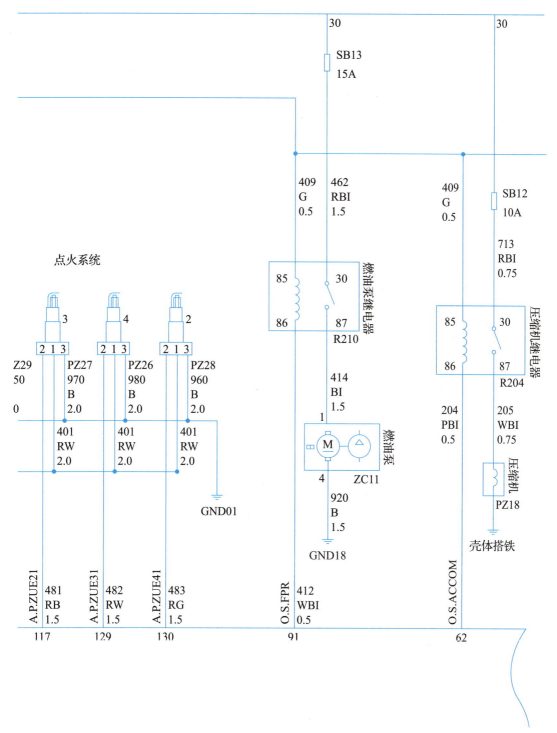

图 6-6　空调压缩机控制电路

资料来源：长城汽车公司哈弗 M6 PLUS 汽车维修手册.

如图 6-7 所示，压缩机吸入蒸发器流出的低温低压气态制冷剂，将其压缩成高温高压气态制冷剂，通过高压软管送入冷凝器，在冷凝器中使制冷剂放热液化成高温高压液体，并送入储液干燥器，除掉制冷剂中的水分和杂质，通过高压硬管将其送至膨胀阀。在膨胀阀中制冷剂节流膨胀，形成低温低压液态制冷剂，进入蒸发器。低温低压液态制冷剂在蒸发器中吸收流经蒸发器外表面的空气中的热量，汽化成低温低压气体，使流经蒸发器外表面的空气降温，产生制冷效果。低温低压气态制冷剂进入压缩机开始下一个循环。由于蒸发器表面的温度低于空气露点，空气中的水分冷凝成为露水排出车外，降低车内空气的温度和湿度。

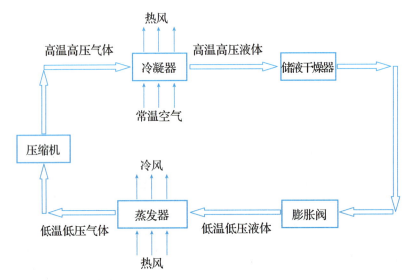

图 6-7 哈弗 M6 PLUS 汽车空调系统工作原理图

资料来源：长城汽车公司哈弗 M6 PLUS 汽车维修手册.

维修实操基础

完成操作并填写工单。

（1）在进行操作之前，应先确认制冷剂的类型，并确定车辆已熄火，同时注意以下几个方面：

1）制冷剂的密度比氧气大，所以在检修汽车空调系统时，检修场所要有良好的通风设备。

2）维护空调系统和加注制冷剂时，要戴防护镜。因为空调系统的高压侧压力很高，如果高压管破裂，会对眼睛造成严重伤害。制冷剂流入大气时，蒸发极快，任何东西接触之后都会结冰。R134a 是一种天然油溶剂，皮肤接触会引起刺激反应和烧伤。因此工作时，应穿劳保服以保护皮肤。

3）处理制冷剂罐时，应小心。不得用力碰撞制冷剂罐。不准将制冷剂罐置于高温处，应将其存放在凉爽的地方。避免将制冷剂罐存放在有腐蚀物的地方，如蓄电池酸液附近。

4）在正常大气压和大气温度下，R134a是不可燃的。试验证明，压力超过大气压和空气浓度大于60％时，R134a就会变为可燃。因此，在储液干燥器内有制冷剂的情况下禁止加压缩空气。

5）空调系统零件或维修装置严禁充灌压缩空气，因为充灌压缩空气有可能会引起火灾或爆炸。另外，要特别注意，当制冷剂暴露于明火、吸入发动机或用卤素检漏仪进行检漏时，都会生成有毒的光气，所以一定要保证工作区域的通风状况良好。

（2）在连接到汽车空调系统之前，确认设备操控面板手阀处于关闭位置。

（3）定期检查真空泵油位和油质，真空泵严禁无油运行。

（4）每次用完设备以后，应关闭操控面板上的高、低压手阀。

（一）制冷剂回收和加注

	操作步骤	操作登记
	①清洁整理工位，检查车辆基础油液，放置三件套	□已完成
	②检查蓄电池电量，保证蓄电池电量充足	□已完成
	③回收制冷剂，连接高、低压快速接头，打开高、低压手阀，按下"回收"键进行回收。当压力表指针达到负压时，继续回收1分钟，然后停止回收	□已完成
	④排油。回收结束后，等待回油。之后，按"确认"键进行排油，排油结束后，等待液面稳定，记录排油量	□已完成
	⑤抽真空。设定抽真空时间为"3分钟"，输入数值。抽真空完成后，低压表示数为－30inHg	□已完成
	⑥保压。关闭高、低压手阀，设定保压时间"1分钟"，按"确认"键进行保压。保压完成后，观察低压表支持，应保持在－30inHg，指针没有回位、反弹，说明空调系统无泄漏，可以继续操作。否则，停止操作，排除泄漏故障	□已完成
	⑦注油。打开高压手阀，开始注油，计算"注油量"，注油量＝排油量＋20mL。加注到目标注油量后，停止注油，然后按"退出"键	□已完成
	⑧再次抽真空。设定抽真空时间"5分钟"，关闭高压手阀，打开低压手阀，按"确认"键进行抽真空。结束后，低压表指针应为－30inHg	□已完成

续表

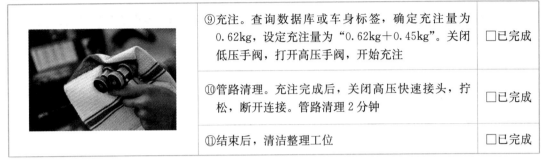

	⑨充注。查询数据库或车身标签，确定充注量为0.62kg，设定充注量为"0.62kg+0.45kg"。关闭低压手阀，打开高压手阀，开始充注	□已完成
	⑩管路清理。充注完成后，关闭高压快速接头，拧松，断开连接。管路清理2分钟	□已完成
	⑪结束后，清洁整理工位	□已完成

操作帮助

制冷剂回收加注机01

操作帮助

制冷剂回收加注机02

知识拓展

歧管压力表组是维修汽车空调系统必不可少的重要设备。空调系统的基本维修，如充注制冷剂、添加机油、系统抽真空等都离不开歧管压力表组，汽车空调系统故障的诊断与排除也需要此设备。歧管压力表组与汽车空调系统之间用胶皮软管连接起来，胶皮软管有很多不同的颜色，通常情况下低压侧使用的是蓝色软管，与系统低压侧维修阀相连；红色软管用于高压侧，与高压侧维修阀相连；绿色或黄色用于连接真空泵或制冷剂罐。

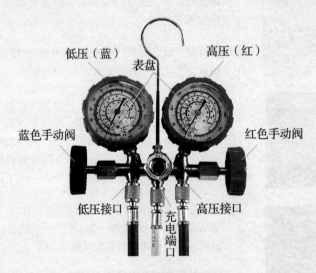

歧管压力表组

高压手动阀和低压手动阀同时关闭，可对高压侧和低压侧的压力进行检查；高压手动阀和低压手动同时打开，全部管路连通，接上真空泵可对系统抽真空；高压手动阀关闭、低压手动阀打开，可从低压侧充注气态制冷剂；高压手动阀打开、低压手动阀关闭，可从高压侧充注液态制冷剂，也可使系统放空排出制冷剂。

（二）空调系统性能测试

	操作步骤	操作登记
	①打开空调性能测试仪（注意安全），带好护目镜	□已完成
	②将 HP 电路检修阀上的高压插接器（红色）与空调系统的高压接口连接	□已完成
	③将 LP 电路检修阀上的低压插接器（蓝色）与空调系统的低压接口连接	□已完成
	④将 TK1 温度传感器夹在冷凝器输入金属歧管上	□已完成
	⑤将 TK2 温度传感器夹在冷凝器输出金属歧管上	□已完成
	⑥将 TK3 温度传感器夹在膨胀阀输入金属歧管上	□已完成
	⑦将 TK4 温度传感器夹在蒸发器输出金属歧管上	□已完成
	⑧将 THR 传感器放到车辆外，远离一切车辆或设备所产生的热源，之后安装到驾驶室出风口位置	□已完成
	⑨起动空调压缩机 5～10 分钟 发动机转速保持在 1 800～2 200r/min 降下所有车辆窗户 关闭内循环 温度开关调到最大挡位 空调面板调到迎面吹模式	□已完成
	⑩读取相关数据并记录分析	□已完成
	⑪熄灭发动机，取下 TK1、TK2、TK3、TK4 接头 拧开空调高低压接头上的电路检修阀 整理好空调性能测试仪的线束	□已完成
	⑫使用检漏仪检查接头部分	□已完成
	⑬清理整理工位	□已完成

根据吸气压力与环境温度图及空调出风口温度与环境温度图填写下表。

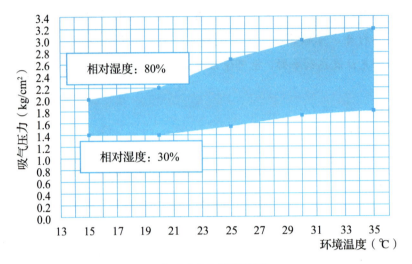

吸气压力与环境温度图

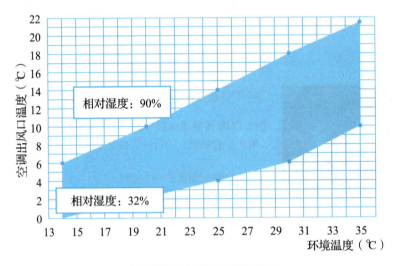

空调出风口温度与环境温度图

项目名称	参数记录	项目名称	参数记录
高压侧压力		低压侧压力	
冷凝器进口温度		冷凝器出口温度	
膨胀阀进口温度		蒸发器出口温度	
环境温度		环境湿度	
出风口温度		出风口湿度	
性能检验		□合格　□不合格	

操作帮助

空调诊断仪使用

操作帮助

空调诊断仪使用说明书

🚗 知识拓展

　　不凝性气体（NCG）是指混在空调制冷系统里的空气等，通常会污染制冷剂储存装置或系统。若车辆空调系统的接头泄漏、传输软管处理不当、制冷剂回收和再循环设备使用错误或出现故障，污染还会蔓延至制冷剂。鉴仪提供了一种简单、快速、准确的方法来测定制冷剂储存装置内制冷剂的纯度或直接测定车辆空调系统内制冷剂的纯度。鉴仪可以根据测定需要，净化制冷剂储存装置或车辆空调系统中的空气。

🚘 制订维修计划

（一）分析故障鱼骨图

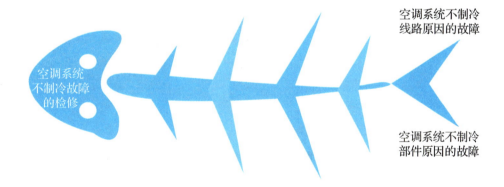

（二）设计维修方案

根据验证的故障现象，设计维修方案，写出方案的具体步骤。

步骤 1	
步骤 2	
步骤 3	
步骤 4	
步骤 5	

续表

步骤 6	
步骤 7	
步骤 8	
步骤 9	
步骤 10	
步骤 11	
步骤 12	
补充步骤	

（三）绘制诊断流程

学习活动二　　故障检修

 学习目标

知识目标： 掌握维修工单的填写与修正。

技能目标： 能根据微课视频、维修手册正确使用工具、量具、仪器等完成空调系统不制冷故障的检修。

能通过视频和图片展示交流，反思检修过程，提出改进建议。

素养目标： 培养自主学习和持续学习的能力，在实践过程中养成良好的职业习惯。

学习准备

工具： 通用拆装工具、内饰撬棒、量具（万用表）、试灯、跨接线。

材料： 零部件、保险丝、清洁与安全耗材。

仪器： 诊断仪、示波器等。

资料： 维修手册、一体化参考书等。

操作过程

（一）读取故障码和数据流

与空调系统相关的DTC	□无 DTC □有 DTC：＿＿＿＿＿＿＿＿＿＿＿			
与空调系统相关的数据流	项目	数值	单位	判断
	发动机转速			□正常 □不正常
	蓄电池电压			□正常 □不正常
	冷却液温度			□正常 □不正常
	节气门位置			□正常 □不正常
	AC 信号			□正常 □不正常
	蒸发箱温度			□正常 □不正常
	空调压力			□正常 □不正常
	室外温度传感器			□正常 □不正常
	鼓风机控制百分比			□正常 □不正常
	内外循环风门位置			□正常 □不正常

操作帮助

读取故障码和数据流

（二）选用动作测试

本次任务是否选用动作测试？	□选用	□不选用

如不选用动作测试，请说明原因。

如选用动作测试，请勾选相应系统
□发动机系统动作测试　□变速器系统动作测试　□制动系统动作测试　□车身电气系统动作测试

（三）分析故障范围

系统能运行，但冷量不足（用测量仪表检查）。

症状	症状可疑部位	对策和处理
高压、低压均过高	（1）制冷剂加注过量，压缩机压力高 （2）管路中有气体混入	（1）排出多余制冷剂直至测量仪表恢复到正常状态 （2）全部抽出制冷剂后，重新抽真空，按规定量加注

续表

症状	症状可疑部位	对策和处理
高压比正常的稍低，低压过高	压缩机的阀板破裂	修理或更换压缩机
高压比正常的稍低，低压过低	(1) 制冷剂不足，用手摸吸气接头不冷 (2) 膨胀阀损坏	(1) 补加制冷剂 (2) 更换膨胀阀
高压、低压均过低	(1) 系统有泄漏处（制冷剂不足） (2) 储液干燥器堵塞	(1) 修理泄漏处后补充制冷剂 (2) 更换冷凝器
内外循环风门一直处于外循环状态	(1) 内外循环风门未切换为内循环 (2) 内外循环风门故障 (3) 内外循环风门电机故障	(1) 将内外循环风门切换为内循环 (2) 更换内外循环风门 (3) 更换内外循环风门电机

系统不能正常运行。

症状	症状可疑部位	对策和处理
空调在内循环状态下工作一段时间后冷风逐渐减少直至没有	蒸发器结霜，蒸发器温度传感器故障	更换蒸发器温度传感器
系统工作一段时间后冷风逐渐变得不冷	系统中水分过多，膨胀阀产生冰堵	对系统重新抽真空并加注制冷剂

室外温度显示异常，导致空调不制冷。

症状	症状可疑部位	对策和处理
室外温度比实际外温值低	(1) 空调控制器腐蚀失效故障 (2) 室外温度传感器故障 (3) 线路、插接器故障	(1) 更换空调控制器 (2) 更换室外温度传感器 (3) 修理电气线路、插接器

其他故障。

症状	症状可疑部位	对策和处理
空调鼓风机异常工作	(1) 调速模块损坏 (2) 线路、插接器故障	(1) 更换零部件，对调验证，更换调速模块 (2) 修理电气线路、接插器
空调鼓风机不工作	(1) 调速模块损坏 (2) 线路、插接器故障，鼓风机烧坏	(1) 更换零部件，对调验证，更换调速模块 (2) 修理电气线路、插接器，更换鼓风机

续表

确定故障范围		□可能	□不可能
		□可能	□不可能
		□可能	□不可能
		□可能	□不可能
		□可能	□不可能
		□可能	□不可能

🚗 知识拓展

　　可以使用荧光染色剂检测空调系统的泄漏，荧光染色剂和冷冻机油混合并一起流经整个制冷系统。冷冻机油溶于水，蒸发器芯或制冷管路上的冷凝水可以将冷冻机油和荧光染色剂从实际的泄漏部位冲走。冷凝水也可能通过空调系统的滴水管带走荧光染色剂。空调系统中的泄漏将以浅绿色或黄色显示。检测泄漏的荧光染色剂需要一定时间才起作用。根据泄漏速度的不同，在 15 分钟至 7 天的时间范围内，可能无法观察到泄漏。使用配有紫外灯的深色防护眼镜，能使染色剂的颜色看起来更深。

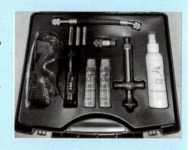

（四）排定先后顺序

部件检测顺序	线路检测顺序
1.	1.
2.	2.
3.	3.
4.	4.
5.	5.

（五）检查测量过程

完成工单的填写，请根据故障范围选择相应的内容和顺序。

1. 空调继电器检测

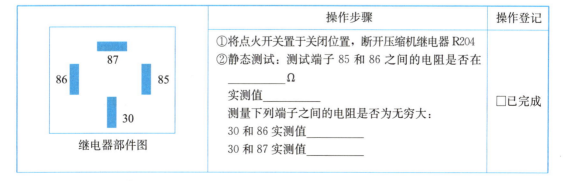

继电器部件图	操作步骤	操作登记
	①将点火开关置于关闭位置，断开压缩机继电器 R204 ②静态测试：测试端子 85 和 86 之间的电阻是否在 _____ Ω 实测值_____ 测量下列端子之间的电阻是否为无穷大： 30 和 86 实测值_____ 30 和 87 实测值_____	□已完成

续表

	操作步骤	操作登记
	30 和 85 实测值_____ 85 和 87 实测值_____ ③动态测试：在端子 85 和 12V 电压之间安装一根带 20A 保险丝的跨接线，将一根跨接线安装在继电器端子 86 和搭铁之间，测试端子 30 和 87 之间的电阻是否为_____Ω 实测值_____ 判断 R204 检查结果　□正常　□不正常	

提示：操作视频参考学习任务一中的"起动继电器检测"。

2. 空调压缩机熔断器检测

	操作步骤	操作登记
空调压缩机熔断器	①将点火开关置于关闭位置，断开 SB12 ②目视检查：外观_____　型号_____ ③导通测试：测试 SB12 两端子之间的电阻是否小于_____Ω 实测值_____ 判断 SB12 检查结果　□正常　□不正常 ④熔断器烧断，需要测量线路中有无短路 使用万用表测量端子 R204/30—SB47 与 GND 之间有无短路 实测值　□无穷大　□有短路 使用万用表测量端子 R204/87—壳体搭铁与 GND 之间有无短路 实测值　□无穷大　□有短路	□已完成

提示：操作视频参考学习任务一中的"起动熔断器检测"。

3. 空调压缩机部件检测

	操作步骤	操作登记
205 W/BI 0.75 空调压缩机端视图	①断开压缩机插接器 ②查看压缩机插接器有无泄漏痕迹 　目视检查：外观_____ ③将数字万用表调到欧姆挡，测量 PZ18/1 与 GND 之间电阻，测量电磁线圈电阻，常温阻值为 $2\sim5\Omega$，实测值_____ ④在端子 PZ18/1 和 12V 电压之间安装一根带 20A 保险丝的跨接线，确认压缩机电磁开关 □吸合　□不吸合 判断压缩机 PZ18 部件检测结果　□正常　□不正常	□已完成

操作帮助

压缩机部件测试

4. 空调控制电路检测

	操作步骤	操作登记
R204 204 Y/B 0.5 713　205 R/G　W/G 0.75　0.75 409H G 0.5	①将点火开关置于关闭位置，断开压缩机继电器 R204 ②使用万用表测量端子 R204/87（压缩机电磁线圈电阻）与 GND 之间的电阻值是否为_____Ω 　实测值_____ ③使用万用表测量端子 R204/30（电源）与 GND 之间的电压是否为_____V 　实测值_____ 　或使用功率试灯（先校准）确认线路亮度 　□正常　□不正常 ④打开点火开关，使用万用表测量端子 R204/85（线圈电源）与 GND 之间的电压是否为_____V 　实测值_____ 　或使用功率试灯（先校准）确认线路亮度 　□正常　□不正常 ⑤在 R204/85 与 R204/86 之间串联试灯，使用诊断仪的主动测试功能，控制压缩机继电器吸合，确认试灯点亮　□正常　□不正常 　判断 R204/86—PZ01/62 检查结果　□正常　□不正常 　判断 R204/85—SB48 检查结果　□正常　□不正常 　判断 R204/30—SB12 检查结果　□正常　□不正常 　判断 R204/87—PZ18 检查结果　□正常　□不正常	□已完成

操作帮助

空调控制电路检测

5. 空调相关控制模块

	操作步骤	操作登记
	判断发动机 ECU 检查结果　□正常　□不正常 判断空调控制器检查结果　□正常　□不正常	□已完成

知识拓展

新能源汽车空调制冷系统与传统内燃机汽车的基本相同，供暖系统根据产生热源的方式不同而有结构上的差异，最大的不同在于把由发动机带动的机械式压缩机改为由高压电驱动的电动空调压缩机。

（六）确认排除故障

故障确认和排除	1. 故障的确认	
	□元件损坏	请写明元件名称：
	□线路故障	请写明线路区间：
	□其他	
	2. 故障点的排除处理说明	
	□更换　　□维修　　□调整	

（七）验证维修结果

维修后发动机故障指示灯（MIL）	□正常　□不正常			
维修后空调系统相关的DTC	□无DTC　□有DTC：＿＿＿＿＿＿＿＿＿			
维修后出风口温度风向	□正常　□不正常			
维修后压缩机状况	□正常　□不正常			
维修后数据流	项目	数值	单位	判断
	发动机转速			□正常　□不正常
	蓄电池电压			□正常　□不正常
	冷却液温度			□正常　□不正常
	节气门位置			□正常　□不正常
	AC信号			□正常　□不正常
	蒸发箱温度			□正常　□不正常
	空调压力			□正常　□不正常
	室外温度传感器			□正常　□不正常
	鼓风机控制百分比			□正常　□不正常
	内外循环风门位置			□正常　□不正常

（八）维修任务拓展

本任务学习空调系统不制冷故障的检修流程，请大家根据本任务学习的成果，课后单独制定空调除霜电路和鼓风机电路检测方案。

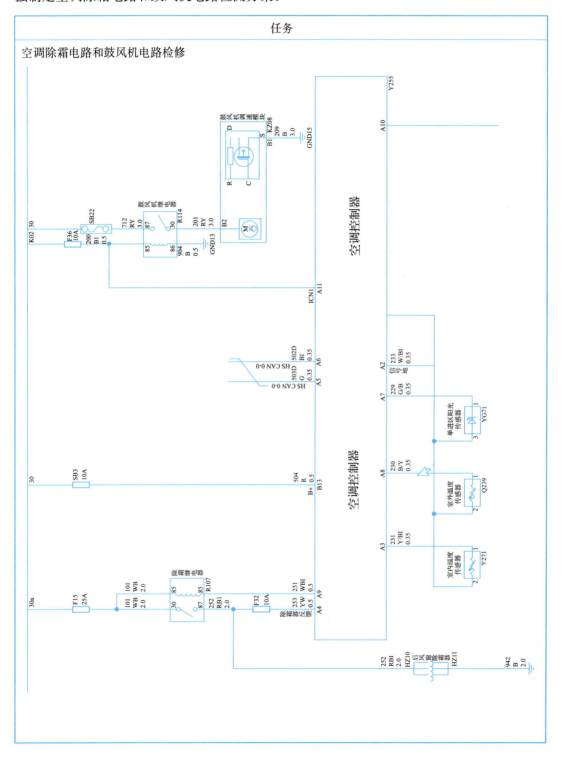

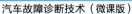

素养悦读之中国汽车工匠

自主创新牢记使命

奇瑞控股集团成立以来，党委书记、董事长尹同跃带领全体奇瑞人不忘初心、牢记使命，立志振兴中国汽车工业，为中国汽车品牌和产品全面走向世界不懈努力。

"再难不省研发"，尹同跃深知创新对企业生存和发展的意义，从一开始就把自主创新确立为奇瑞发展的核心战略。他带领奇瑞人坚持自主创新，突破行业"卡脖子"技术，推动中国汽车从过去西方汽车工业的"跟随者"，逐渐变成全球汽车技术创新的"引领者"。作为最早走出国门的中国汽车品牌之一，奇瑞确立了"无内不稳、无外不强、内外促进、共同发展"的国际化战略，从"走出去"到"走进去"再到"走上去"，走出了一条以开放胸怀整合全球优质资源、推动品牌国际化的发展之路，并成为传播中国文化的桥梁，让世界重新认识中国。在中国汽车走向世界的浩荡征程中，奇瑞争向潮头立：2023年，全国汽车产销量突破3 000万辆，出口大约500万辆，其中奇瑞出口接近100万辆，连续21年位列中国品牌乘用车第一的位置。

资料来源：张晓梅. 奇瑞控股集团党委书记、董事长尹同跃：企业家应牢记使命，让民族品牌走向世界. 中国企业报，2023-05-09. 有删改.

学习评价

学习活动一　维修基础评价

班级		姓名		学号		日期	
序号	评价内容		配分	得分	层级		
1	能正确叙述空调系统不制冷故障的现象		5				
2	能掌握空调系统的作用和组成		5				
3	能理解空调系统的工作原理		10				
4	能正确识读哈弗汽车空调系统压缩机控制电路图		10				
5	能查阅维修手册，正确识别部件位置		5				
6	能根据维修手册正确加注制冷剂		5				
7	能根据维修手册正确使用空调制冷剂加注机、检漏仪等		10				
8	能根据维修手册正确使用诊断仪测量空调数据		10		□A档（90～100分） □B档（76～89分） □C档（60～75分） □D档（60分以下）		
9	能正确使用工具、量具、仪器等完成操作任务		5				
10	能根据维修手册分析故障原因，并在教师的帮助指导下完成空调系统不制冷故障维修方案的制定		5				
11	遵守课堂纪律，积极接受任务，肯吃苦，会钻研		5				
12	时刻牢记安全第一，践行7S理念		5				
13	积极参与课堂讨论，发挥团队合作及创新精神		5				
14	在遇到困难时，不放弃，会思考，敢问询		5				
15	及时完成老师布置的任务及工单填写		10				
总分			100				
个人学习小结							

学习活动二　故障检修评价

班级		姓名		学号		日期	
序号	评价内容			配分	得分	层级	
1	能正确使用诊断仪读取故障码、数据流			5			
2	能合理进行诊断仪的动作测试			5			
3	能正确查阅、使用维修手册			10			
4	能根据维修手册分析故障范围			10			
5	能根据教师和企业师傅的指导，正确排定检测顺序			5			
6	能根据维修手册正确检测空调系统部件			5			
7	能根据维修手册正确检测空调系统线路			10		□A 档（90～100 分）	
8	能根据维修手册正确维修故障点			10		□B 档（76～89 分）	
9	能正确使用工具、量具、仪器等完成操作任务			5		□C 档（60～75 分）	
10	能在排除故障后进行维修质检验证			5		□D 档（60 分以下）	
11	遵守课堂纪律，积极接受任务，肯吃苦，会钻研			5			
12	时刻牢记安全第一，践行 7S 理念			5			
13	积极参与课堂讨论，发挥团队合作及创新精神			5			
14	在遇到困难时，不放弃，会思考，敢问询			5			
15	及时完成老师布置的任务及工单填写			10			
总分				100			
个人学习小结							

学习任务评价表

班级				姓名				学号			
评价内容	自我评价（20%）			小组评价（30%）			教师评价（20%）			企业评价（30%）		
	10～8	7～4	3～1	10～8	7～4	3～1	10～8	7～4	3～1	10～8	7～4	3～1
学习活动一												
学习活动二												
课堂纪律												
团队合作												
表达能力												
动手能力												
反思能力												
工作态度												
安全意识												
总分												
任务总结												

ABS故障指示灯点亮故障的检修

7

任务概述

　　本任务来源于校企合作厂真实的故障案例，围绕 ABS 故障指示灯点亮故障的检修展开。通过明任务、制计划、定方案、排故障、验质量、拓任务这一完整的流程，学生学会不同类型故障的检修方法，具备处理 ABS 故障指示灯点亮故障的能力，按照汽车维修企业的实际工作流程实施任务。另外，在完成任务的过程中相互协作，树立使用工具、设备的安全意识，养成良好的职业素养。

学习目标

知识目标：掌握 ABS 的功用、组成、类型及工作原理。

　　　　　掌握识读 ABS 电路图的方法。

技能目标：能根据维修手册分析故障原因，并完成维修方案的制定。

　　　　　能根据微课视频、维修手册正确对 ABS 的传感器、制动压力调节器进行检测。

　　　　　能正确使用工具、仪器等对 ABS 故障码进行读取、清除，根据数据流进行分析判断，完成故障的检修。

素养目标：通过展示交流与反思优化，培养合作能力和分析问题、解决问题的能力，以及严谨求实的科学态度，养成良好的职业习惯。

建议学时

16 学时

学习活动一　　维修基础

学习目标

知识目标： 掌握 ABS 的功用、组成、类型及工作原理。

掌握识读 ABS 电路图的方法。

技能目标： 能根据维修手册分析故障原因，并完成维修方案的制定。

能根据微课视频、维修手册正确认识故障现象。

能根据微课视频、维修手册正确分解、检修、测试 ABS 部件。

素养目标： 积极参与课堂讨论，在不断地试错中提升沟通能力。

学习准备

工具：通用拆装工具、内饰撬棒、量具（万用表）、试灯、跨接线。

材料：零部件、保险丝、清洁与安全耗材。

仪器：诊断仪、示波器等。

资料：维修手册、一体化参考书等。

典型案例引入

案例：一辆通用雪佛兰科鲁兹轿车速度达 60km/h 以上时，ABS 故障指示灯常亮，车主反映 ABS 故障指示灯有偶尔点亮的现象。维修组长接手该车后进行试车，经过检查和路试，发现也出现该故障现象。经初步判断，故障可能是由于 ABS 车速传感器感应部分被泥土、泥浆或其他污染源覆盖，影响传感器感应相应的车速信号，使 ECU 无法判别车速，不能断定车轮的滑移率，因此不能发出相应动作指令来调节制动；或是由于系统线路之间连接松动、ABS 继电器接触不良等引起信号不良，引起系统故障。客户要求尽快交车，现要求你与同事合作，在规定时间内完成故障的排除。（本案例由余姚华德别克 4S 店孙建春师傅提供）

制动液液位	液位高度	□正常　□不正常
制动液液位过低警告灯	是否点亮后熄灭　□是　□否	□正常　□不正常
制动警告灯（红色，标 BRAKE）	是否点亮后熄灭　□是　□否	□正常　□不正常
ABS 故障指示灯 （黄色，标 ABS 或 ANTI-LOCK）	是否点亮后熄灭　□是　□否	□正常　□不正常
其他（如果有）		

维修理论基础

（一）ABS 概述

_____制动系统的英文缩写是 ABS，全称是 Anti-lock Braking System。ABS 用于在制动困难或在潮湿或光滑的路面上制动时防止制动器锁定和车轮_____。该系统既有普通制动系统的制动功能，又能防止车轮抱死，使汽车在制动状态下仍能_____，保证汽车制动方向的稳定性，防止产生侧滑和跑偏，是目前汽车上先进、制动效果好的制动装置。目前，以提高汽车行驶性能为目的而开发的各种 ABS，其原理是充分利用轮胎和地面的_____，采用控制制动液压力的方法，给各车轮施加最合适的制动力。ABS 具有以下优点：

（1）缩短了汽车的制动距离。在同样紧急制动的情况下，ABS 可以将滑移率控制在20％左右，即可获得最大的纵向制动力。附着系数与滑移率的关系如图 7-1 所示。

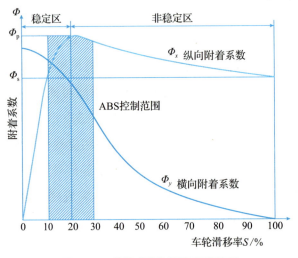

图 7-1　附着系数与滑移率的关系

（2）增加了制动时的稳定性。汽车在制动时，四个车轮上的制动力不一样，如果汽车前轮抱死，则驾驶员就无法控制汽车的行驶方向，非常危险；如果汽车后轮先抱死，则会出现侧滑、甩尾，甚至整车调头等严重事故。ABS可以防止四个车轮制动时完全抱死，提高了汽车行驶的稳定性。资料表明，装有ABS系统的车辆，因车轮侧滑引起的事故比例下降8%左右。

（3）改善了轮胎的磨损状况。事实上，车轮抱死会造成轮胎杯形磨损，轮胎面磨耗也不均匀，使轮胎磨损消耗费增加。经测定，汽车在紧急制动时，车轮抱死所造成的轮胎累加磨损费超过一套ABS的造价。因此，装用ABS具有一定的经济效益。

（4）提升了工作的可靠性。ABS的使用与普通制动系统的使用几乎没有区别。制动时只要把脚踏在制动踏板上，ABS就会根据情况自动进入工作状态，如遇雨雪路滑，驾驶员也没有必要用一连串的点刹车方式进行制动，ABS会使制动状态保持在最佳点。注意：ABS工作时，驾驶员会感到制动踏板有颤动，并听到一点噪声，这些都属于正常现象。ABS工作十分可靠，并有自诊断能力。当ABS发现系统内部有故障时，会自动记录，并点燃琥珀色（黄色）ABS故障指示灯，让普通制动系统继续工作。此时，维修人员可以根据记录的故障（以故障码的形式输出）进行修理。

（二）ABS的分类

ABS的分类方式主要有按照产生制动压力的_____分类、按控制方式分类、按控制_____数目分类。其中，液压式ABS、气压式ABS、气液混合式ABS属于_____；独立控制和一同控制属于_____；四通道式、三通道式、二通道式和一通道式属于_____。

（三）ABS的组成

ABS通常由_____传感器、液压控制单元、制动压力调节装置、电控单元（ECU）、制动主缸（液压制动总泵）、制动灯开关、ABS_____等组成，如图7-2所示。

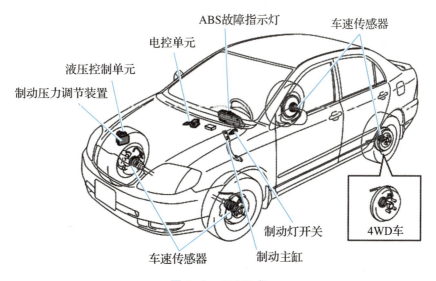

图7-2 ABS组成

1. 车轮转速传感器

在汽车的 ABS 中都设置有获取汽车车轮转速信号的车轮转速传感器。车轮转速传感器简称车速传感器，它可以产生与车轮转速成正比的交流信号。车速传感器将车轮的转速信号传给 ABS 中的电控单元，电控单元经过计算决定是否开始防抱死控制。因此，车速传感器非常重要。

目前大多数车速传感器都是_____转速传感器，它是一种由磁通量变化而产生感应电压的装置，由电磁感应传感头和齿圈两部分组成。传感头是一个静止部件，通常由永久性磁心、电磁线圈和磁极等构成，用于感测非驱动车轮转速的传感头安装在车轮附近不随车轮转动的部件上，如制动底板、转向节、半轴套管等；用于感测驱动车轮转速的传感头通常安装在_____，但有些车型安装在主减速器上或变速器中。齿圈是一个运动部件，一般安装在随车轮一起转动的部件上，如半轴、轮毂、制动盘等。图 7-3 所示为车速传感器安装位置及电路原理图。

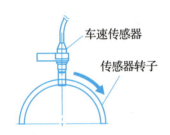
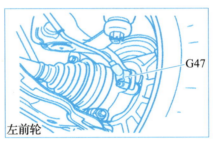
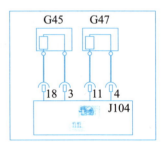

图 7-3　车速传感器安装位置及电路原理图

传感头与齿圈之间的间隙很小，通常只有_____mm 左右，多数车速传感器的间隙是不可调的。设置在车轮处的车速传感器感应的是相应车轮的转速。当齿圈的齿隙与传感头的永久性磁心端部相对时，磁心端部与齿圈之间的空气隙最大，传感头的永久性磁心所产生的磁力线不容易通过齿圈，感应线圈周围的磁场较弱；当齿圈的齿顶与传感头的磁心端部相对应时，磁心端部与齿圈之间的空气隙最小，传感头永久性磁心所产生的磁力线容易通过齿圈，感应线圈周围的磁场较强；当齿圈随车轮旋转时，齿圈的齿顶和齿隙交替地与传感器磁心端部相对，传感器感应线圈周围的磁场随之发生强弱交替变化，使感应线圈中产生一交变电压，交变电压的频率与齿圈的齿数和转速成正比，因此车速传感器输出的交变电压频率将与相应车轮的转速成正比。

团队阶段任务		
每一小组找寻车速传感器的工作原理视频，对比曲轴位置传感器的结构，团队派代表讲解		
你所在的小组是否完成	阶段得分	教师签字
□完成　□未完成		

2. 电控单元

电控单元（ECU）是汽车ABS中的控制中心。它是一台微型计算机，一般是由两个微处理器和电路组成，封装在金属壳体中，形成一个独立的整体单元，如图7-4所示。电控单元通常安装在汽车上尘土和潮气不易侵入、电磁干扰较小的部位。电控单元通过线束与传感器和执行机构相连，在某些车型上，为了使ABS结构紧凑，减少插接器和线束，将电控单元安装在制动压力调节装置上。当ABS起作用时，电控单元监测并控制制动系统的工作情况，即电控单元具有对制动系统进行"_____"和"_____"的功能。

3. 制动压力调节装置

制动压力调节装置（见图7-5）的功用是根据_____的指令来调节各个车轮制动器的制动压力。制动系统不一样，所采用的制动压力调节装置的结构和工作原理也不一样。比较常用的制动系统有液压式、机械式、气压式和空气液压复合式等。在ABS中应用最广泛的是_____式制动系统。该系统的主要元件是液压电动泵和液压控制电磁阀，用液压_____和液压控制电磁阀产生的液压压力控制汽车的制动力。在汽车每个车轮或每个系统内部都有电磁阀，通过电磁阀直接或间接地控制制动压力。通常把直接控制制动压力的形式称为循环式，把间接控制制动压力的形式称为可变容积式。

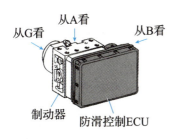

图7-4 ABS电控单元

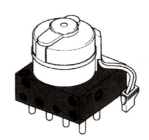

图7-5 制动压力调节装置

4. 制动灯开关

制动灯开关（如图7-6所示）主要用于向ABS电控单元和制动灯线路传送制动信号。

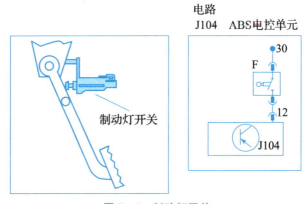

图7-6 制动灯开关

5. ABS 故障指示灯

红色或黄色 ABS 故障指示灯显示有无故障。点火开关导通，ABS 故障指示灯亮 3～5s 后熄灭（自检完毕）或起动后熄灭为正常。若故障指示灯常亮，则有故障，应及时检修，它报警后能维持制动系统的正常制动，但 ABS 已开启断电保护，停止工作。

（四）ABS 的工作原理

理想的制动过程应当是：当汽车制动时，若将车轮滑动率 S 控制在峰值系数滑移率（即 S＝_____）附近，可使纵向附着系数和横向附着系数都较大，这样既能使汽车获得较高的制动效能，又可保证它在制动时的方向稳定性。ABS 的制动过程分为常规制动和调节制动，调节制动包括升压、保压、减压阶段。当 ABS 检测认定制动车轮未发生抱死时，汽车制动系统执行常规制动过程，如图 7－7 所示；当系统认定车轮有抱死趋势时，便开始执行 ABS 调节制动过程。

1. ABS 常规模式

常规模式 ABS 不介入控制，常开阀（进油电磁阀）打开，常闭阀（排油电磁阀）关闭（均无电流通过），制动主缸（总泵）的制动液将直接进入制动轮缸，制动轮缸压力将随制动主缸压力的增加而增加，系统处于正常制动状态，如图 7－7 所示。

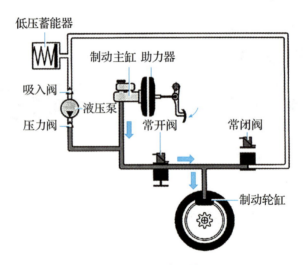

图 7－7　ABS 常规模式

2. ABS 保压模式

当 ABS 电控单元给常开阀通以电流时，常开阀关闭，常闭阀仍保持关闭，制动主缸与制动轮缸的液压因而相互隔绝，制动轮缸中将保持一定的制动压力，系统处于"保压"状态，如图 7－8 所示。

3. ABS 减压模式

当 ABS 电控单元给常开阀与常闭阀均通以电流时，常开阀关闭，常闭阀打开，制

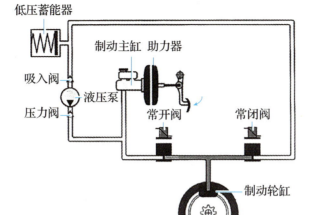

图 7-8　ABS 保压模式

动轮缸中的制动液将经常闭阀流至低压蓄能器（制动主缸的制动液因常开阀的关闭故不再进入制动轮缸），制动轮缸中的制动压力下降，系统处于减压状态，如图 7-9 所示。

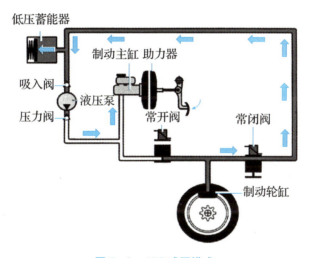

图 7-9　ABS 减压模式

低压蓄压器为一内装活塞和弹簧的油缸，它位于液压泵与制动主缸之间，起暂时储存制动液的作用。

4. ABS 升压模式

为了达到最佳的制动效果，当车轮转速达到一定时，ABS 电控单元命令常开阀打开，常闭阀关闭，随着制动压力的增加，车轮再次被制动和减速，如图 7-10 所示。

电机工作模式：减压模式开始时，液压泵电动机为工作状态；当 ABS 停止工作时，液压泵电动机为关闭状态；当车轮转速下降时，常闭阀会瞬时打开以减小制动轮缸中制动

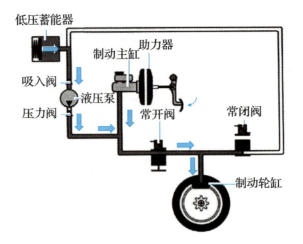

图 7 - 10　ABS 升压模式

液的压力，此时液压泵电动机起动；当车轮转速恢复后，常开阀会瞬时打开以增加制动轮缸中的制动液压力。

写一写：根据图 7-7～图 7-10 所示的 ABS 制动过程，叙述液流运动方向。

（五）科鲁兹 ABS 认知

科鲁兹 ABS 工作原理图如图 7-11 所示，其工作主要涉及以下部件：

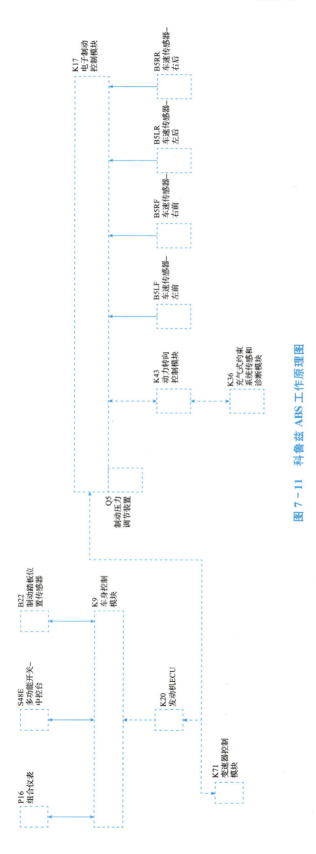

图 7 - 11　科鲁兹 ABS 工作原理图

（1）电子制动控制模块：控制系统功能并检测故障，向电磁阀和泵电动机提供电压。只要点火开关置于 ON（打开）位置，电子制动控制模块就可以检测很多故障。但是某些特定故障不能检测到，除非在部件上执行主动诊断测试。例如，不能检测到电磁线圈或泵电动机绕组短路，直到电子制动控制模块指令这些部件通电。

（2）制动压力调节装置：包含液压阀和泵电动机，由电子制动控制模块进行电动控制。制动压力调节装置采用（制动系）对角线式分开四电路配置。

（3）车身控制模块：当踩下制动踏板时，车身控制模块监测制动踏板位置传感器信号，并向电子制动控制模块发送高速串行数据信息，以表示制动踏板的位置。

（4）组合仪表：根据来自发动机 ECU 的信息显示车速。发动机 ECU 通过高速串行数据将车速信息发送至车身控制模块。车身控制模块根据车辆要求，通过低速串行数据将车速信息发送给组合仪表。

（5）车速传感器：为有源传感器，可检测车轮方向以及零轮速，接收来自电子制动控制模块的 12V 电源电压，并向模块提供一个输出信号。随着车轮转动，车速传感器向电子制动控制模块发送直流方波信号。

🚗 知识拓展

通用汽车配备了 Bosch 防抱死制动系统 9.0。电子制动控制模块和制动压力调节装置需单独维修。制动压力调节装置采用四电路配置，分别控制每个车轮的液压。

（六）科鲁兹 ABS 电路图识读

科鲁兹 ABS 电路图如图 7-12 所示。

（七）科鲁兹 ABS 部件认知

看图填写部件名称，并写清楚部件在实车上的具体位置。

（1）_____，位置：_____。

（2）_____，位置：_____。

（3）_____，位置：_____。

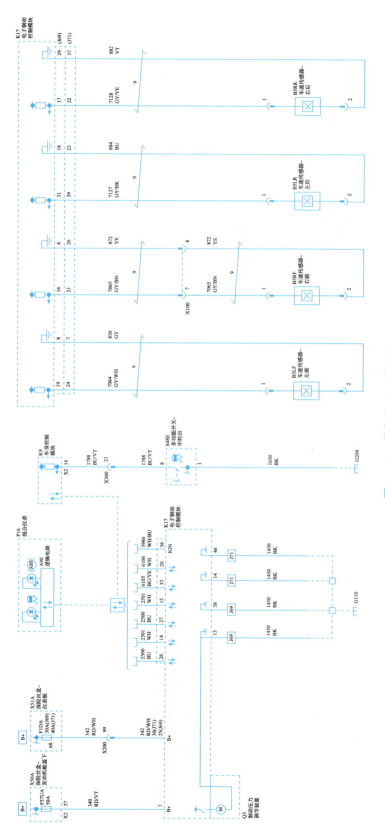

图 7－12 科鲁兹 ABS 电路图

维修实操基础

提示：电子制动控制系统是汽车行驶安全的重要组成部分，涉及人身安全和财产安全，在维修时，不能存在任何马虎，要做到细致入微，以保障车辆的行驶安全。

（一）电子制动控制模块的更换

	操作步骤	操作登记
散热器缓冲罐 托架卡夹	①断开蓄电池负极电缆连接 **注意：** 务必在点火开关处于"_____"位置的情况下连接或断开电子制动控制模块/电子制动与牵引控制模块的线束插接器。否则可能会导致电子制动控制模块/电子制动与牵引控制模块损坏	□已完成
	②拆卸散热器缓冲罐托架卡夹 **注意：** 不可断开发动机冷却液软管	□已完成
制动压力 制动主缸 调节装置主管 总成 ↖制动压力调节装置	③移开散热器缓冲罐，盖住制动管接头并堵住制动主缸出口，以防止制动液损失和污染 移除制动压力调节装置主管、制动主缸总成和制动压力调节装置	□已完成
电子制动 控制模块 ↖电气线束插接器	④移除制动压力调节装置副管、制动主缸总成和制动压力调节阀 断开电子制动控制模块电气线束插接器连接 **注意：** 确保制动管正确连接至制动压力调节装置。如果制动管错误切换，则将出现车轮锁止情况并可导致人身伤害。仅有两种方式可检测此情况，使用故障诊断仪或进行防抱死制动	□已完成
螺栓 制动管接头	⑤拆卸制动管接头，松开4个螺栓，移除制动压力调节装置托架 **注意：** 盖住制动管接头，以防止制动液损失和污染	□已完成

续表

	操作步骤	操作登记
电子制动控制模块 紧固螺栓	⑥安装程序与拆卸过程相反 　螺栓安装扭矩为20N·m 　制动管接头安装扭矩为20N·m 　制动压力调节装置副管安装扭矩为20N·m 　制动压力调节装置主管安装扭矩为20N·m	□已完成

操作帮助

电子制动和牵引力控制模块的更换

（二）前轮车速传感器的更换

	操作步骤	操作登记
紧固螺栓 车速传感器	①拆卸轮胎和车轮 ②移除前轮罩衬板 ③移除前轮车速传感器紧固螺栓	□已完成
前轮车速传感器线束插接器　前轮车速传感器线束	④拆下车速传感器 ⑤松开前轮车速传感器线束 ⑥断开车速传感器线束插接器 ⑦安装顺序与拆卸顺序相反	□已完成

（三）后轮车速传感器的更换（不带电子驻车制动器J71）

	操作步骤	操作登记
紧固螺栓 后轮车速传感器	①拆卸轮胎和车轮 ②移除后轮罩衬板 ③移除后轮车速传感器紧固螺栓	□已完成

续表

	操作步骤	操作登记
后轮车速 传感器线束	④拆下车速传感器 ⑤松开后轮车速传感器线束 ⑥断开车速传感器线束插接器 ⑦安装顺序与拆卸顺序相反	□已完成

操作帮助

前轮车速传感器的更换

制订维修计划

（一）分析故障鱼骨图

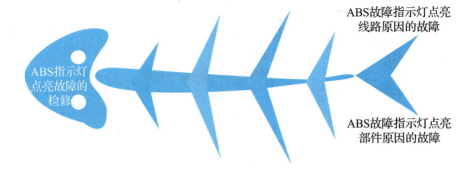

（二）设计维修方案

根据验证的故障现象，设计维修方案，写出方案的具体步骤。

步骤1	
步骤2	
步骤3	
步骤4	
步骤5	
步骤6	
步骤7	

续表

步骤 8	
步骤 9	
步骤 10	
步骤 11	
步骤 12	
补充步骤	

（三）绘制诊断流程

学习活动二　　故障检修

学习目标

知识目标： 掌握维修工单的填写与修正。

技能目标： 能根据微课视频、维修手册正确使用工具、量具、仪器等完成ABS故障的检修。

能通过视频和图片展示交流，反思检修过程，提出改进建议。

素养目标： 培养操作能力、评价反馈能力以及吃苦耐劳的品质。

学习准备

工具：通用拆装工具、内饰撬棒、量具（游标卡尺、百分表、万用表）、试灯、跨接线。

材料：零部件、保险丝、清洁与安全耗材。

仪器：诊断仪、示波器等。

资料：维修手册、一体化参考书等。

操作过程

（一）读取故障码和数据流

与 ABS 相关的 DTC	□无 DTC　□有 DTC：＿＿＿＿＿＿＿＿＿＿			
制动液液位过低警告灯	□点亮　□不点亮			
制动警告灯	□点亮　□不点亮			
ABS 故障指示灯	□点亮　□不点亮			
影响 ABS 的相关数据流	项目	数值	单位	判断
	制动液液位			□正常　□不正常
	蓄电池电压			□正常　□不正常
	踩下并松开制动踏板时，确认故障诊断仪"电子制动控制模块制动踏板位置传感器"参数在 Active（激活）和 Inactive（未激活）之间变化			□正常　□不正常

知识拓展

EBD（电子制动力分配）英文全称为 Electronic Brakeforce Distribution。EBD 实际上是 ABS 的辅助功能，是在 ABS 电控单元里增加一个控制软件，其机械系统与 ABS 完全一致。

（二）选用动作测试

本次任务是否选用动作测试？	□选用	□不选用
如不选用动作测试，请说明原因。		
如选用动作测试，请勾选相应系统 □发动机系统动作测试　□变速器系统动作测试　□制动系统动作测试　□车身电气系统动作测试		

（三）分析故障范围

故障码	故障可能原因
C0035 00、C0040 00、C0045 00 或 C0050 00	(1) 车速传感器高电平信号电路对搭铁短路或开路/电阻过大，并持续 0.2s； (2) 车速传感器低电平信号电路对电压短路、对搭铁短路或开路/电阻过大，并持续 0.2s
C0035 18、C0040 18、C0045 18 或 C0050 18	检测到车速传感器信号不稳定
C0035 0F、C0040 0F、C0045 0F 或 C0050 0F	(1) 错误安装车速传感器； (2) 车速传感器或调节环上有碎屑； (3) 车速传感器调节环缺齿； (4) 车速传感器和编码器环之间存在气隙； (5) 车速传感器线束受电磁干扰
C0035 27、C0040 27、C0045 27 或 C0050 27	(1) 车速传感器调节环上有碎屑； (2) 车速传感器调节环缺齿； (3) 车速传感器和编码器环之间的气隙过大
C0035 67、C0040 67、C0045 67 或 C0050 67	检测到错误的车速传感器零件信号

确定故障范围		□可能	□不可能
		□可能	□不可能
		□可能	□不可能
		□可能	□不可能
		□可能	□不可能
		□可能	□不可能

提示：分析故障范围时，对列举内容是否为可能的故障原因进行判断，最好写明判断的依据。

（四）排定先后顺序

系统电压检测顺序	信号电路检测顺序	元件检测顺序
1.	1.	1.
2.	2.	2.
3.	3.	3.
4.	4.	4.
5.	5.	5.
6.	6.	6.

（五）检查测量过程

完成工单的填写，请根据故障范围选择相应的内容和顺序。

1. 电子制动控制模块搭铁检测

	操作步骤	操作登记
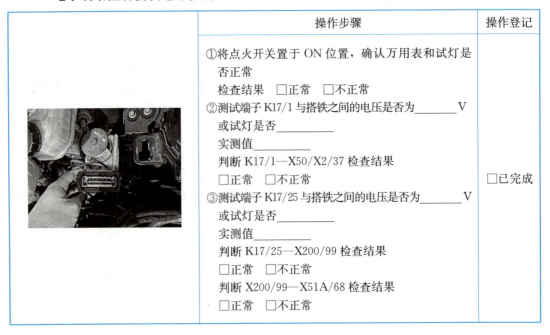	①将点火开关置于 OFF 位置，断开 K17 电子制动控制模块线束插接器 ②测试端子 K17/13 与搭铁之间的电阻是否为 _____ Ω 实测值_____ 判断 K17/13—G110 检查结果　□正常　□不正常 ③测试端子 K17/38 与搭铁之间的电阻是否为 _____ Ω 实测值_____ 判断 K17/38—G110 检查结果　□正常　□不正常 提示：如果找不到搭铁点，则无法判断搭铁螺栓的固定情况，可以通过测量其他共用搭铁电路的好坏来判断	□已完成

图示端子：14　13　2　1　15　30　46　29　31

2. 电子制动控制模块电源检测

	操作步骤	操作登记
	①将点火开关置于 ON 位置，确认万用表和试灯是否正常 检查结果　□正常　□不正常 ②测试端子 K17/1 与搭铁之间的电压是否为_____V 或试灯是否_____ 实测值_____ 判断 K17/1—X50/X2/37 检查结果 □正常　□不正常 ③测试端子 K17/25 与搭铁之间的电压是否为_____V 或试灯是否_____ 实测值_____ 判断 K17/25—X200/99 检查结果 □正常　□不正常 判断 X200/99—X51A/68 检查结果 □正常　□不正常	□已完成

操作帮助

电子制动控制模块搭铁、电源检测

3. 电子制动控制模块熔断器检测

	操作步骤	操作登记
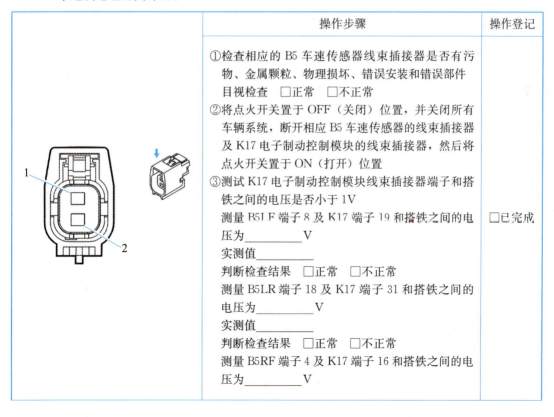	①将点火开关置于关闭位置，断开 F57UA/F1DA 熔断器 ②目视检查：外观＿＿＿＿　型号＿＿＿＿ ③导通测试 　测试 F57UA 两端子之间的电阻是否小于＿＿＿＿Ω 　实测值＿＿＿＿ 　测试 F1DA 两端子之间的电阻是否小于＿＿＿＿Ω 　实测值＿＿＿＿ ④熔断器烧断，是否需要测量线路中有无短路 　□是　□否 　测试 F57UA 接线端与 GND 之间的电阻是否为 　＿＿＿＿Ω 　实测值＿＿＿＿ 　测试 F1DA 接线端与 GND 之间的电阻是否为 　＿＿＿＿Ω 　实测值＿＿＿＿ 　判断 F57UA 检查结果　□正常　□不正常 　判断 F1DA 检查结果　□正常　□不正常	□已完成

提示：操作视频参考学习任务一中的"起动熔断器检测"。

4. 车速传感器线束检测

	操作步骤	操作登记
1 ― 2 ―	①检查相应的 B5 车速传感器线束插接器是否有污物、金属颗粒、物理损坏、错误安装和错误部件 　目视检查　□正常　□不正常 ②将点火开关置于 OFF（关闭）位置，并关闭所有车辆系统，断开相应 B5 车速传感器的线束插接器及 K17 电子制动控制模块的线束插接器，然后将点火开关置于 ON（打开）位置 ③测试 K17 电子制动控制模块线束插接器端子和搭铁之间的电压是否小于 1V 　测量 B5LF 端子 8 及 K17 端子 19 和搭铁之间的电压为＿＿＿＿V 　实测值＿＿＿＿ 　判断检查结果　□正常　□不正常 　测量 B5LR 端子 18 及 K17 端子 31 和搭铁之间的电压为＿＿＿＿V 　实测值＿＿＿＿ 　判断检查结果　□正常　□不正常 　测量 B5RF 端子 4 及 K17 端子 16 和搭铁之间的电压为＿＿＿＿V	□已完成

续表

	操作步骤	操作登记
	实测值_____ 判断检查结果　□正常　□不正常 测量 B5RR 端子 29 及 K17 端子 17 和搭铁之间的电压为_____V 实测值_____ 判断检查结果　□正常　□不正常 ④将点火开关置于 OFF 位置，测试 K17 电子制动控制模块线束插接器端子和搭铁之间的电阻是否为无穷大 测量 B5LF 端子 8 及 K17 端子 19 和搭铁之间的电阻为_____Ω 实测值_____ 判断检查结果　□正常　□不正常 B5LR 端子 18 及 K17 端子 31 和搭铁之间的电阻为_____Ω 实测值_____ 判断检查结果　□正常　□不正常 测量 B5RF 端子 4 及 K17 端子 16 和搭铁之间的电阻为_____Ω 实测值_____ 判断检查结果　□正常　□不正常 测量 B5RR 端子 29 及 K17 端子 17 和搭铁之间的电阻为_____Ω 实测值_____ 判断检查结果　□正常　□不正常 ⑤测试 B5 车速传感器束插接器端子 1 和 K17 电子制动控制模块线束插接器端子之间的电阻是否小于 2Ω 测量 B5LF 端子 1 和 K17 端子 19 之间的电阻为_____Ω 实测值_____ 判断检查结果　□正常　□不正常 测量 B5LR 端子 1 和 K17 端子 31 之间的电阻为_____Ω 实测值_____ 判断检查结果　□正常　□不正常 测量 B5RF 端子 1 和 K17 端子 16 之间的电阻为_____Ω 实测值_____ 判断检查结果　□正常　□不正常 测量 B5RR 端子 1 和 K17 端子 17 之间的电阻为_____Ω 实测值_____ 判断检查结果　□正常　□不正常	

续表

	操作步骤	操作登记
	⑥测试 B5 车速传感器线束插接器端子 2 和 K17 电子制动控制模块线束插接器端子之间的电阻是否小于 2Ω 测量 B5LF 端子 2 与 K17 端子 8 之间的电阻为_____Ω 实测值_____ 判断检查结果　□正常　□不正常 测量 B5LR 端子 2 与 K17 端子 18 之间的电阻为_____Ω 实测值_____ 判断检查结果　□正常　□不正常 测量 B5RF 端子 2 与 K17 端子 4 之间的电阻为_____Ω 实测值_____ 判断检查结果　□正常　□不正常 测量 B5RR 端子 2 与 K17 端子 29 之间的电阻为_____Ω 实测值_____ 判断检查结果　□正常　□不正常	

操作帮助

电子制动车速传感器线束检测

5. 车速传感器部件检测

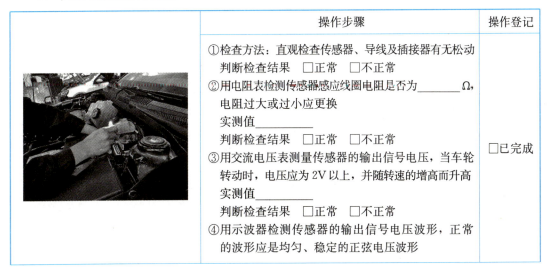

	操作步骤	操作登记
	①检查方法：直观检查传感器、导线及插接器有无松动 判断检查结果　□正常　□不正常 ②用电阻表检测传感器感应线圈电阻是否为_____Ω，电阻过大或过小应更换 实测值_____ 判断检查结果　□正常　□不正常 ③用交流电压表测量传感器的输出信号电压，当车轮转动时，电压应为 2V 以上，并随转速的增高而升高 实测值_____ 判断检查结果　□正常　□不正常 ④用示波器检测传感器的输出信号电压波形，正常的波形应是均匀、稳定的正弦电压波形	□已完成

续表

	操作步骤	操作登记
	 每格电压：　　V　　每格时间：　　ms ⑤车速传感器的调整 　　车速传感器出现故障，不一定说明传感器已损坏。传感器传感头脏污、传感器的空气隙没有达到要求都会引起传感器工作不良。这时候就需要对传感器进行调整，恢复其正常的工作	

操作帮助

电子制动车速传感器部件检测

6. 电子制动控制模块检测

	操作步骤	操作登记
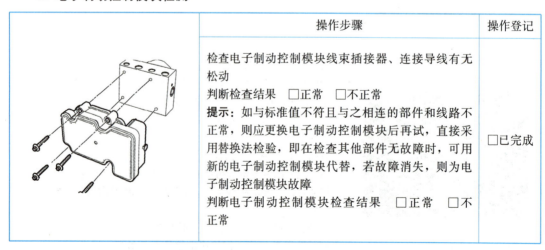	检查电子制动控制模块线束插接器、连接导线有无松动 判断检查结果　□正常　□不正常 **提示**：如与标准值不符且与之相连的部件和线路不正常，则应更换电子制动控制模块后再试，直接采用替换法检验，即在检查其他部件无故障时，可用新的电子制动控制模块代替，若故障消失，则为电子制动控制模块故障 判断电子制动控制模块检查结果　□正常　□不正常	□已完成

（六）确认排除故障

故障确认和排除	1. 故障的确认		
	□元件损坏	请写明元件名称：
	□线路故障	请写明线路区间：
	□其他	
	2. 故障点的排除处理说明		
	□更换	□维修	□调整

（七）验证维修结果

维修后 ABS 相关的 DTC	□无 DTC　□有 DTC：＿＿＿＿＿＿＿＿＿＿＿＿			
维修后制动警告灯	□点亮　□不点亮			
维修后 ABS 故障指示灯	□点亮　□不点亮			
维修后 ABS 相关数据流	项目	数值	单位	判断
	制动液液位			□正常　□不正常
	蓄电池电压			□正常　□不正常
	踩下并松开制动踏板时，确认故障诊断仪"电子制动控制模块制动踏板位置传感器"参数在 Active（激活）和 Inactive（未激活）之间变化			□正常　□不正常

（八）维修任务拓展

电子制动控制系统包括 ABS、BA、ASR 和 ESP 等系统。本任务是根据 ABS 故障指示灯常亮故障制定的学习检修流程，请大家根据本任务学习的成果，课后单独制定其他系统的故障诊断流程。

任务

素养悦读之中国汽车品牌

智能长城　越野长城　世界长城

长城汽车携旗下六大品牌相聚 2024 成都车展，本次车展，魏牌、坦克、哈弗、长城炮、欧拉、灵魂摩托等 20 余款重磅产品联袂登场，彰显长城汽车全品类、全动力、全领域硬核实力。

以哈弗品牌为例，其专注 SUV 领域的深耕细作，成为市场上不可忽视的一股力量。其中哈弗 H6 这款车型自上市以来，便凭借出色的性价比、宽敞的空间和实用的配置赢得了广大消费者的青睐，还成功出口到多个国家和地区，成为中国 SUV 走向世界的代表之一。据统计，截至 2024 年 1 月，哈弗 H6 已经累计 103 个月夺得国内 SUV 销量冠军，其市场影响力可见一斑。

长城汽车在智能化和越野性能方面的探索从未停歇，最新一代智能驾驶座舱系统 Coffee OS 3 和端到端智驾大模型 SEE 的应用，进一步提升了出行舒适度和技术领先性，实现了从"好看、好用"到"好玩、好听、好聪明"的全面升级，为用户带来了更加舒适、便捷的用车体验。

新能源领域，长城汽车更是坚持插混、纯电、混动、汽油、柴油、氢能的全面发力。凭借对四驱技术的深厚理解，以及在新能源领域的不断创新，长城汽车全球首创的电混四驱 Hi4 技术体系，实现了增程、并联、直驱等所有混动模式，通过灵活的模块化组合，可根据不同级别、品类和车型定位的需求进行适配。

长城汽车不但秉承了"智能长城　越野长城　世界长城"的核心理念，更以智能化、越野性能和全球化布局为驱动，引领中国汽车品牌进一步走向世界舞台中央，成为真正的民族骄傲。

资料来源：赵延心. 彰显智能科技、越野实力、全球化发展　长城汽车携五大品牌闪耀 2024 北京车展. 新华网，2024-04-27. 有删改。

学习评价

学习活动一　维修基础评价

班级		姓名		学号		日期	
序号	评价内容			配分	得分	层级	
1	能正确叙述 ABS 故障指示灯点亮的故障现象			5			
2	能掌握 ABS 的功用、优点、组成、类型			5			
3	能理解 ABS 的工作原理			10			
4	能正确识读汽车 ABS 电路图			10			
5	能查阅维修手册，正确识别 ABS 部件位置			5			
6	能根据维修手册正确拆装 ABS			5			
7	能根据维修手册正确检修 ABS 零部件			10			
8	能根据维修手册正确组装 ABS			10			
9	能正确使用工具等完成操作任务			5		□A 档（90～100 分） □B 档（76～89 分） □C 档（60～75 分） □D 档（60 分以下）	
10	能根据维修手册分析故障原因，并在教师的帮助指导下完成 ABS 故障指示灯点亮故障维修方案的制定			5			
11	遵守课堂纪律，积极接受任务，肯吃苦，会钻研			5			
12	时刻牢记安全第一，践行 7S 理念			5			
13	积极参与课堂讨论，发挥团队合作及创新精神			5			
14	在遇到困难时，不放弃，会思考，敢问询			5			
15	及时完成老师布置的任务及工单填写			10			
总分				100			
个人学习小结							

学习活动二　故障检修评价

班级		姓名		学号		日期	
序号	评价内容			配分	得分	层级	
1	能正确使用诊断仪读取故障码、数据流			5			
2	能合理进行诊断仪的动作测试			5			
3	能正确查阅、使用维修手册			10			
4	能根据维修手册分析故障范围			10			
5	能根据教师和企业师傅的指导，正确排定检测顺序			5			
6	能根据维修手册正确检测 ABS 部件			5			
7	能根据维修手册正确检测 ABS 线路			10		□A 档（90～100 分） □B 档（76～89 分） □C 档（60～75 分） □D 档（60 分以下）	
8	能根据维修手册正确维修故障点			10			
9	能正确使用工具、量具、仪器等完成操作任务			5			
10	能在排除故障后进行维修质检验证			5			
11	遵守课堂纪律，积极接受任务，肯吃苦，会钻研			5			
12	时刻牢记安全第一，践行 7S 理念			5			
13	积极参与课堂讨论，发挥团队合作及创新精神			5			
14	在遇到困难时，不放弃，会思考，敢问询			5			
15	及时完成老师布置的任务及工单填写			10			
总分				100			

个人学习 小结	

学习任务评价表

班级				姓名					学号		
评价内容	自我评价（20%）			小组评价（30%）			教师评价（20%）			企业评价（30%）		
	10～8	7～4	3～1	10～8	7～4	3～1	10～8	7～4	3～1	10～8	7～4	3～1
学习活动一												
学习活动二												
课堂纪律												
团队合作												
表达能力												
动手能力												
反思能力												
工作态度												
安全意识												
总分												
任务总结												

行驶时车辆跑偏故障的检修

任务概述

　　本任务来源于校企合作厂真实的故障案例，围绕行驶时车辆跑偏故障的检修展开。根据维修手册要求，在规定时间内规范地对制动系统进行拆卸、解体、清洗、装配、调整，完成故障检修，按照汽车维修企业的实际工作流程实施任务。另外，在完成任务的过程中相互协作，树立使用工具、设备的安全意识，养成良好的职业素养。

学习目标

　　知识目标： 了解车辆行驶跑偏的可能故障点与原因。

　　　　　　掌握制动系统的结构和原理。

　　　　　　掌握制动系统各组成部件的功用、原理和结构。

　　技能目标： 能根据维修手册要求，在规定时间内规范完成制动系统的拆卸、检查工作。

　　　　　　能对相关资料进行检索，完成工单的填写与总结。

　　　　　　能根据微课视频、维修手册正确拆卸、检修制动系统故障。

　　　　　　能借助相关工具、量具、设备完成车辆行驶跑偏故障的检修。

　　素养目标： 培养团队合作能力、劳动精神和独立思考能力。

建议学时

16 学时

学习活动一　　　　维修基础

学习目标

知识目标：掌握制动系统的结构和原理。

掌握制动系统各组成部件的功用、原理和结构。

技能目标：能根据维修手册，分析和制定维修方案。

能根据微课视频、维修手册正确认识故障现象。

能根据视频、维修手册正确完成故障的检修。

素养目标：积极参与课堂讨论和方案展示，提高团队合作能力和语言表达能力。

学习准备

工具：通用拆装工具、制动轮缸活塞回位工具、铁钩、量具（游标卡尺、百分表、直尺）。

材料：零部件、抹布、清洁与安全耗材。

仪器：诊断仪、示波器等。

资料：维修手册、一体化参考书等。

典型案例引入

案例：吴先生的一辆 2021 款哈弗 M6 PLUS 汽车，配置前通风盘、后实心盘式制动系统，行驶里程 60 000 千米。吴先生反映，车辆在行驶时有跑偏的现象。经维修组长检查后初步判断为制动拖滞故障。客户要求尽快交车，你作为维修人员，现需对相关部件进行拆检，根据维修手册的相关要求，在规定时间内完成制动系统的检查与零部件的更换，完成后交付维修组长验收。（本案例由余姚信捷 4S 店李浩师傅提供）

确认故障现象

车辆行驶	□正常　□不正常	
车辆制动系统	□正常　□不正常	如勾选不正常，请判断　□制动跑偏　□行驶跑偏　□制动甩尾
仪表故障指示灯	□正常　□不正常	

维修理论基础

能按照驾驶员的需求，以最短的距离停车，对汽车的行驶安全非常重要。在汽车制动系统中，制动器是汽车制动系统中用以阻止车辆运动或运动趋势的部件。目前，家用轿车所使用的制动器都是摩擦制动器，即阻止汽车运动的制动力矩来源于固定元件和旋转工作表面之间的摩擦。

（一）制动系统的分类

（1）按功用分为_____制动系统、_____制动系统、辅助制动系统。

（2）按制动能量传输方式分为机械式、_____、_____、气液综合式制动系统。

（3）按制动回路数量分为单管路制动系统、双管路制动系统。

（4）按能源分为人力制动系统、_____制动系统、伺服制动系统。

（二）制动系统的基本组成

汽车制动系统（如图8-1所示）包括行车制动器和驻车制动器两部分。行车制动器用于使行驶中的车辆减速或停车，通常由驾驶员用脚操纵，一般包含制动踏板、_____、制动主缸、制动管路、车轮制动器等；驻车制动器用于使停驶的车辆驻留原地，通常由驾驶员用手操纵，一般包含制动手柄、制动拉索（拉杆）、驻车制动器等。另外，有些车辆的制动系统还配备制动力调节装置以及_____、压力保护装置等。

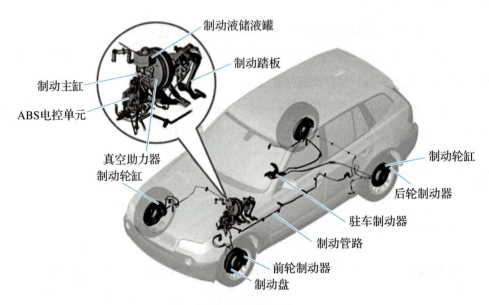

图 8-1　制动系统

团队阶段任务		
每一小组派代表介绍制动系统的组成		
你所在的小组是否完成	阶段得分	教师签字
□完成　□未完成		

1. 制动器

汽车制动器的基本工作原理是把制动时车辆的_____转化为热能散发到大气中。根据摩擦副中_____的结构形式不同，汽车上所用的制动器可分为盘式和鼓式两种。它们的区别在于盘式制动器的旋转元件为圆盘状的制动盘，以端面为工作表面；鼓式制动器_____中的旋转元件为制动鼓，其工作表面为内圆柱面。

盘式制动器的结构如图8-2所示。其旋转元件是制动车盘，它和车轮固定在一起旋转，以其端面为摩擦工作表面。其固定元件是制动摩擦片、_____、制动轮缸及活塞，它们均被安装于制动盘两侧的钳体上，总称为制动钳。制动钳用螺栓与转向节或桥壳上的凸缘固装。制动钳中的摩擦片由_____面积不大的摩擦片与金属衬块背板组成。盘式制动器按照制动钳固定在支架上的结构形式可分为定钳盘式和浮钳盘式两种。

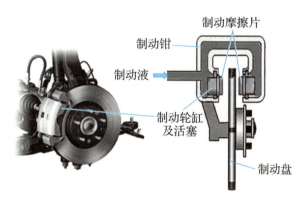

图8-2　盘式制动器

一般的鼓式制动器（见图8-3）由旋转部分、固定部分、促动装置和定位调整机构组

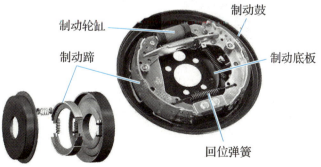

图8-3　鼓式制动器

成。其中旋转部分大多为制动鼓，制动鼓多为浇铸件，受力小的制动鼓也可用钢板冲压而成。固定部分是制动底板和制动蹄，制动底板固装在车桥的凸缘盘上，通过支承销与制动蹄相连；制动蹄通常用钢板冲压后焊接而成或由铸铁或轻合金烧铸，采用 T 形截面，以增大刚度。摩擦片采用黏结或铆接的方式固定于制动蹄上。

查阅资料，填写表 8 - 1。

表 8 - 1　盘式制动器和鼓式制动器的优缺点及应用

内容	盘式制动器	鼓式制动器
优点	热稳定性较好、散热快、制动稳定性好	制动效能高、价格比较便宜、耐用程度高
缺点	对制动器和制动管路的制造要求较高，摩擦片的耗损量较大，成本高	
应用		中、大型货车，客车，部分轿车及越野车后轮

2. 制动主缸

制动主缸又称为制动总泵，如图 8 - 4 所示。它处于制动踏板与制动管路中间，其功用是将制动踏板输入的_____转换成液压力。双管路液压制动传动装置中的制动主缸，一般采用串联双腔或_____制动主缸。制动主缸的常见故障为泄漏，泄漏可分为内漏和外漏。内漏一般是由活塞皮圈老化、破损导致；外漏则是管路连接问题。

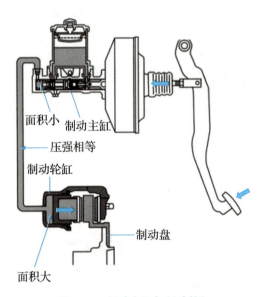

图 8 - 4　制动主缸与制动轮缸

3. 制动轮缸

制动轮缸又称为制动分泵，如图 8 - 4 所示。其功用是将制动主缸传来的液压力转变为制动器工作的机械力。根据制动器的不同，制动轮缸主要分为钳盘式制动器制动轮缸和鼓式制动器制动轮缸两种。

4. 真空助力器

机械控制式真空助力器（见图 8-5）中真空部件与制动主缸一起安装。利用空气压力与发动机进气管内压力（真空）之间的压力差作为助力源，减小制动器制动所需要的制动踏板力。

（1）真空助力器失灵时，制动系统完全丧失制动功能。□对 □错

（2）处于制动踏板松开位置时，工作室与真空室＿＿＿＿＿＿（连通或关闭）。外部通道关闭，隔膜两侧压力相同。

（3）处于制动踏板制动位置时，真空通道＿＿＿＿＿＿（打开或关闭），工作室与外部空气连通，外部空气流入＿＿＿＿＿＿。工作室与真空室之间的压力差产生的作用力克服活塞回位弹簧的作用力推动隔膜、压杆和活塞，直至与主缸产生的反作用力相等。

图 8-5 真空助力器

（4）处于最大制动位置时，工作室与真空室＿＿＿＿＿＿（连通或关闭），外部通道＿＿＿＿＿＿（连通或关闭）。此时工作隔膜前后的压力差最大，制动踏板力以最大助力放大。

5. 制动液

制动液是汽车制动系统传递力的媒体，其数量和质量直接关系着制动性能和行车安全，制动液的检查与更换作业是汽车养护的重要工作。做好制动液的检查与更换工作，对行车安全有着重要的意义。

汽车使用的制动液一般是醇类油或醇醚类化合物，这些物质都具有一定的＿＿＿＿＿＿＿＿＿＿，使用一段时间后，会因为吸入水分而使沸点降低，导致制动时形成气阻，降低制动性能或制动失效。因此，在规定的使用期限（＿＿＿＿＿＿）内要更换制动液。制动液对汽车面漆有溶解作用，更换制动液时应特别注意，一旦汽车表面沾染了制动液要马上清洗干净。（制动液对皮鞋、皮衣之类的漆膜也有伤害，请注意防护）

团队阶段任务		
团队介绍制动液的选用		
你所在的小组是否完成	阶段得分	教师签字
□完成 □未完成		

（三）哈弗 M6 PLUS 汽车制动系统结构图

哈弗 M6 PLUS 汽车制动系统结构图如图 8-6 所示。

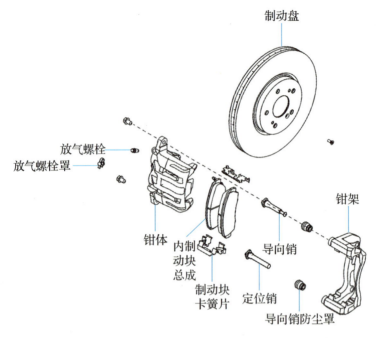

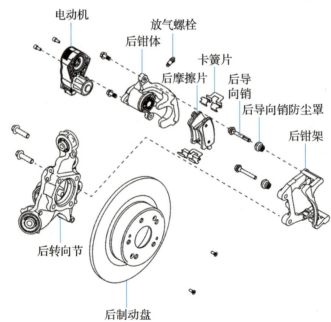

图 8-6　哈弗 M6 PLUS 汽车制动系统结构图

维修实操基础

　　以科鲁兹汽车的制动系统检修为基础，掌握后在"学习活动二　故障检修"中独立完成哈弗 M6 PLUS 汽车盘式制动器的拆装与检修。

1. 制动液的检查

	操作步骤	操作登记
	制动液的正常高度应在制动液罐的上限（MAX 或 HIGH）与下限（MIN 或 LOW）刻线之间的位置 **提示：**由于制动液本身的挥发和摩擦片的磨损（摩擦片磨损后制动轮缸向外伸出量增加，其内的制动液用量增多）等，制动液的液位在使用中会逐渐降低。当液位低于标定刻线或下限位置时，应添加新的制动液至标定刻线或上限位置。若发现制动液量显著减少，应注意查找渗漏部位，发现后必须及时修复，避免制动突然失效	□已完成

🚗 知识拓展

　　在国外，以前采用的 SAE 制动液分类方式，该方式是根据最低平衡回流沸点和相应使用条件而确定的分类规格。随着汽车速度进一步提高，同时由于制动液吸湿后沸点降低出现气阻，交通事故屡有发生，因此产生了新的分类方式。DOT 分类规格的特点是进一步提高平衡回流沸点，增加最低湿沸点。例如，DOT3 的最低干沸点为205℃，最低湿沸点为140℃，用于一般温度条件；DOT4 的最低干沸点为230℃，最低湿沸点为155℃，用于高温条件；DOT5 的最低干沸点为260℃，最低湿沸点为180℃，用于极高温条件。DOT 分类规格后来被国际标准 ISO 所采用。在我国，制动液的分类主要根据高温抗气阻性和低温流动性进行，分为 JG0、JG1、JG2、JG3、JG4、JG5 六级。JG 为交通部、公安部系列，J 为交通部的汉语拼音首字母，G 为公安部的汉语拼音首字母。根据制动液的组成和特性，一般把它们分为醇型、醇醚型、酯型、矿油型和硅油型五种。

2. 车轮转动情况的检查

	操作步骤	操作登记
	①将轮胎用举升机顶起，放松驻车制动器，用手转动每个车轮，如四个车轮均不能转动或转动阻力大，说明故障原因是 □制动主缸故障　□制动踏板故障　□制动器故障	□已完成
	②将轮胎用举升机顶起，放松驻车制动器，用手转动每个车轮，如四个车轮中有一个车轮不能转动或转动阻力大，说明故障原因是 □制动主缸故障　□制动踏板故障　□制动器故障	□已完成

3. 科鲁兹盘式制动器的拆检

	操作步骤	操作登记
	①松开车辆螺栓，举升车辆，拆卸车轮	□已完成
	②用两把扳手松开下部导向销螺栓 　套筒规格：_____ 　导销固定开口扳手规格：_____	□已完成
	③抬起制动轮缸（用铁钩挂在减振器螺旋弹簧位置，防止掉落伤到手）	□已完成
	④取下制动摩擦片	□已完成
	⑤检测制动盘的厚度 　选用_____外径千分尺（填写规格型号） 　车辆制动盘标准厚度为_____ 　磨损极限厚度为_____ 　车辆制动盘的实际厚度为_____ 　□能正常使用　□需更换	□已完成
	⑥检测制动盘端面圆跳动量 　选用_____量具，制动盘端面圆跳动量应不大于_____ 　如果制动盘端面圆跳动量超出极限值，则可采用的修理方式为_____ 　□能正常使用　□需更换	□已完成
	⑦检查制动摩擦片 　测量厚度时我们一般选用的量具是_____ 　制动摩擦片的标准厚度为_____，磨损极限厚度为_____ 　同一车桥上的制动摩擦片必须同时更换，因为_____ 　□能正常使用　□需更换	□已完成
	⑧检查内侧、外侧摩擦片，查看有无烧蚀、发蓝、裂纹、沟槽等问题　□能正常使用　□需更换 　检查摩擦片的弹簧、消音片有无裂纹和变形 　□能正常使用　□需更换	□已完成

⑨前制动盘、摩擦片的检查

名称	位置1	位置2	位置3	位置4	位置5	维修建议
前制动盘厚度标准值_____mm						□正常　□更换
前制动盘端面圆跳动量	标准值	0.04mm				维修建议
	测量值					□正常　□更换

	测量部件		测量值	维修建议
制动摩擦片厚度_____mm	内侧摩擦片	位置1		□正常　□更换
		位置2		
	外侧摩擦片	位置1		
		位置2		

操作帮助

汽车盘式制动器的检测 01

操作帮助

汽车盘式制动器的检测 02

4. 科鲁兹前制动钳总成的检查		
	操作步骤	操作登记
	①检查制动钳总成及制动管路有无破损、油渍、老化情况 □能正常使用　□需更换	□已完成
	②检查制动轮缸活塞密封圈有无老化、裂纹、泄漏、油渍 □能正常使用　□需更换 注意：活塞密封圈老化、裂纹、泄漏会导致制动系统制动力下降，制动活塞回位不良	□已完成
	③检查制动钳导的销的皮圈有无老化、破损、裂纹 □能正常使用　□需更换 注意：导向销防尘罩损坏将使导向销润滑效果变差，导致制动回位不良、制动拖滞等故障	□已完成
	④检查制动钳导向销滑动情况_____ □能正常使用　□需更换 注意：每次装配前需要将导向销清洁干净，填充新的润滑脂，保证导向销工作正常	□已完成

5. 科鲁兹鼓式制动器的拆检

	操作步骤	操作登记
	①预松车辆螺栓，松开制动拉索，检查车辆支承点	□已完成
	②举升车辆，注意车辆四周安全	□已完成
	③举升到合适高度，举升机锁止到位	□已完成
	④拆卸轮胎、拆解制动鼓	□已完成
	⑤检查制动鼓 制动鼓内侧表面应该无裂纹，无_____，磨损_____ □能正常使用　□需更换 检查制动鼓内径。测量制动鼓内径采用的量具是_____ 查阅资料，实训车的制动鼓内径标准值为_____，最大极限值为_____，制动鼓的实际内径值为_____ □能正常使用　□需更换	□已完成
制动轮缸　制动底板　调节螺母　制动蹄　制动蹄摩擦片　复位弹簧	⑥分解后轮制动蹄片 检查制动组件有无破损、弹簧有无变形、调节机构有无锈蚀 □能正常使用　□需更换 测量制动蹄厚度：主动蹄厚度_____，从动蹄厚度_____ □能正常使用　□需更换	□已完成

操作帮助

鼓式制动器拆装与检测 01

操作帮助

鼓式制动器拆装与检测 02

操作帮助

鼓式制动器拆装与检测 03

🚗 知识拓展

鼓式制动器按促动装置的形式可分为轮缸式、凸轮式和楔块式。根据制动过程中两制动蹄产生制动力矩的不同，鼓式制动器可分为领从蹄式、双领蹄式、双向双领蹄式、双向从蹄式、单向自增力式和双向自增力式等。

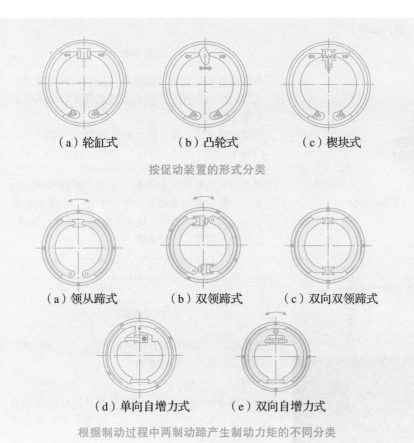

　（a）轮缸式　　　　（b）凸轮式　　　　（c）楔块式

按促动装置的形式分类

　（a）领从蹄式　　　（b）双领蹄式　　　（c）双向双领蹄式

　　（d）单向自增力式　　　　（e）双向自增力式

根据制动过程中两制动蹄产生制动力矩的不同分类

6. 检查制动主缸、制动轮缸

	操作步骤	操作登记
	①确认制动主缸有无漏油　□有　□无 　活塞和缸壁是否完好　□是　□否 　皮碗是否有破损　□有　□无 　弹簧是否完好　□是　□否	□已完成
	②讨论制动主缸内、外泄漏，分别会导致制动系统产生什么故障	□已完成
	③确认制动轮缸有无漏油　□有　□无 　活塞和缸壁是否完好　□是　□否 　皮碗是否有破损　□有　□无 　弹簧是否完好　□是　□否	□已完成
	④制动轮缸的损坏一般会引起哪些故障？	□已完成

7. 真空助力器的检查

	操作步骤	操作登记
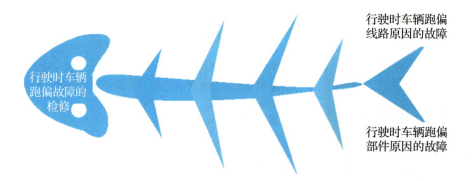 S257_007	①真空助力器是利用外部空气与发动机进气管真空之间的压力差进行工作的，因此踩下制动踏板时可增大踏板力 发动机熄火后，真空助力器的真空马上消除 □对　□错	□已完成
	②用适中的力踩下制动踏板，并使它停留在制动位置上，然后起动发动机，正常情况下，制动踏板会_____，否则，说明真空助力器没有作用 □能正常使用　□需维修	□已完成

8. 驻车制动系统的检查

	操作步骤	操作登记
	①工作时，驻车制动拉杆应该在_____齿（响） □能正常使用　□需维修	□已完成
	②对车辆进行操纵检查，将驻车制动拉杆拉起到合适位置，车轮应_____，否则，导致其发生的可能原因有_____ □能正常使用　□需维修 当驻车制动系统不正常时，可以通过调整的方法解决，调整的方法如下：_____ _____	□已完成

制订维修计划

（一）分析故障鱼骨图

行驶时车辆跑偏故障的检修

行驶时车辆跑偏线路原因的故障

行驶时车辆跑偏部件原因的故障

（二）设计维修方案

根据验证的故障现象，设计维修方案，写出方案的具体步骤。

步骤 1	
步骤 2	
步骤 3	
步骤 4	
步骤 5	
步骤 6	
步骤 7	
步骤 8	
步骤 9	
步骤 10	
步骤 11	
步骤 12	
补充步骤	

（三）绘制检测流程

学习活动二　　故障检修

学习目标

知识目标： 掌握判断车辆行驶跑偏可能故障点与原因的方法。

技能目标： 能根据维修手册要求，在规定时间内规范完成制动系统的拆卸、检查工作。

能对相关资料进行检索，完成工单的填写与总结。

能根据微课视频、维修手册正确拆卸、检修制动系统。

能借助相关工具、量具、设备完成车辆行驶跑偏故障的检修。

素养目标： 培养能吃苦、会思考、敢创新的精神，在解决问题中不断提升专业素养。

学习准备

工具：通用拆装工具、抹布、量具（游标卡尺、百分表）。

材料：零部件、保险丝、清洁与安全耗材。

仪器：诊断仪、示波器等。

资料：维修手册、一体化参考书等。

操作过程

（一）读取故障码和数据流

读取相关 DTC	□无 DTC　□有 DTC：＿＿＿＿＿＿＿＿＿＿＿＿＿＿

（二）选用动作测试

本次任务是否选用动作测试？	□选用	□不选用
如不选用动作测试，请说明原因。		
如选用动作测试，请勾选相应系统 □发动机系统动作测试　□变速器系统动作测试　□制动系统动作测试　□车身电气系统动作测试		

（三）分析故障范围

跑偏故障的原因	诊断与排除
左右前轮气压不相等或轮胎磨损不等	检查轮胎胎压是否一致，不一致则应先加够气压，使气压一致
	检查两前轮磨损情况，如果磨损区别太大，应予以更换
轮胎花纹不一样	检查轮胎花纹是否一致，不一致应予以更换
轮胎动平衡有问题	检查轮胎动平衡是否达标，若不达标，则应先做好动平衡
两前轮轮毂轴承松紧度不一样	检查轮毂轴承的松紧度，是否会有个别轮胎轮毂轴承发卡，若发卡，应予以调整或更换
某一车轮拖刹	检查是否存在拖刹，若有拖刹，则应检查维修
前轮前束错误	用四轮定位仪检测，看定位数据是否达标，若不达标，则应予以调整
两前轮的定位角度不一样	
前后车轴不平行	测量两侧前后轮轮距是否相等，若不相等，则说明前后车轴不平行
轮胎或钢圈变形	检查轮胎或钢圈是否变形，若变形，则应予以更换
车架变形或左右轮距相差太大	对于事故车，应检查悬架、车架、车桥、摆臂是否变形，若变形，则应予以更换处理
悬架变形	
前桥弯曲变形或摆臂安装位置不一致	
转向轴两侧悬架弹簧弹力不等	将汽车停放在平坦的地面上，查看汽车前部高度是否一致，若高度不一致，说明悬架弹簧折断或弹力不一致，应更换

任务分析	故障现象参考	车辆在行驶时，有制动跑偏的现象
	故障原因分析	制动主缸故障
		制动踏板故障
		制动轮缸故障
		制动摩擦片故障
		制动踏板行程过大故障
		制动踏板行程过小故障

（四）排定先后顺序

确定故障顺序		□拆卸	□替换
		□拆卸	□替换
		□拆卸	□替换
		□拆卸	□替换

（五）检查测量过程

完成工单的填写，请根据故障范围选择相应的内容和顺序。

1. 前制动器检测

查阅哈弗 M6 PLUS 汽车维修手册，填写前制动盘技术参数表格。

制动盘直径（mm）	标准	
制动盘端面圆跳动量（mm）	最大值	
制动盘允许划痕深度（mm）	最大值	
制动盘厚度（mm）	标准	
	最小	
摩擦片厚度（mm）	标准	
	最小值	

查阅资料填写前制动器零部件规定拧紧力矩。

名称	紧固零件	拧紧力矩（N·m）	数量	备注
螺栓	前制动钳总成×前转向节总成		4	—
螺钉	前制动盘×前轮毂法兰盘		4	—
螺栓	前制动软管总成×钳体		2	—
螺栓	放气螺栓×钳体		2	—
螺栓	导向销组件×钳架		4	—
螺栓	前制动盘罩壳×前转向节		6	—

知识拓展

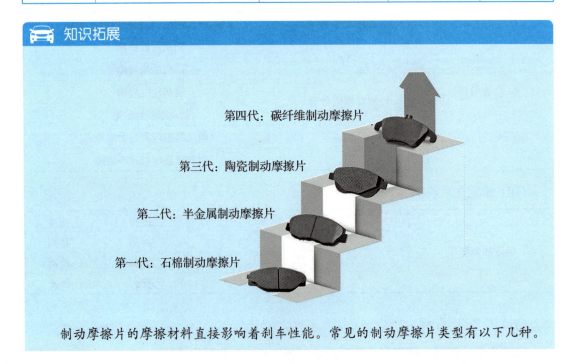

第四代：碳纤维制动摩擦片

第三代：陶瓷制动摩擦片

第二代：半金属制动摩擦片

第一代：石棉制动摩擦片

制动摩擦片的摩擦材料直接影响着刹车性能。常见的制动摩擦片类型有以下几种。

有机制动摩擦片（非金属）	这种制动摩擦片由有机材料（如树脂、玻璃纤维等）组成，具有制动性能良好、噪声低、不会损害制动盘等优点
半金属制动摩擦片	这种制动摩擦片由金属颗粒和有机材料混合而成，可以提供更好的制动性能和耐高温性能，适用于一些需要较高制动性能的情况
金属陶瓷制动摩擦片	这种制动摩擦片结合了金属和陶瓷材料的优点，具有卓越的制动性能、耐磨性和耐高温性能，适用于高速、大负荷等特殊情况

在选购货车制动摩擦片时，需考虑以下性能参数。

制动性能	制动摩擦片的制动性能直接关系行车安全。可以查阅制动摩擦片的制动性能数据，了解其在湿润和干燥道路条件下的制动性能
耐磨性	制动摩擦片的耐磨性能决定了其使用寿命。耐磨性好的制动摩擦片能够减少更换频率和降低维护成本
散热性能	制动过程中会产生大量热量，良好的散热性能可以保持制动摩擦片的稳定性能，避免过热造成的问题
噪声水平	不同材质的制动摩擦片会产生不同的噪声水平。选择低噪声的制动摩擦片有助于提升行车舒适性
适配性	确保所选制动摩擦片适用于货车型号和制动系统，以免出现不适配的情况

（1）哈弗 M6 PLUS 汽车前制动盘的拆卸

	操作步骤	操作登记
	①举升车辆到合适位置	□已完成
	②拆下前轮	□已完成
	③通过钳体上的观察孔来检查内、外制动摩擦片的厚度，最小厚度为_____mm **注意**：如果厚度小于最小厚度，则成套更换摩擦片；如果制动盘上有与摩擦片衬片背板摩擦的痕迹，则成套更换摩擦片	□已完成

操作帮助

制动钳拆卸

215

（2）哈弗 M6 PLUS 汽车前制动盘检查

	操作步骤	操作登记
	①检查前制动盘厚度（在摩擦区域内同一圆周上均匀取五个点，测量并记录制动盘厚度） **注意**：检查制动盘与制动摩擦片接触面有无沟槽、油污、发蓝现象；制动盘边缘有无台阶，若有，则会影响新摩擦片的接触面积	□已完成
	②检查前制动盘端面圆跳动量（测量时对角拧紧车轮螺母，使制动盘与轮毂密实结合，若值超过最大值，则应维修或更换制动盘） **注意**：进行制动盘端面圆跳动量检查时，需先用至少三颗轮胎螺栓固定制动盘，来保证测量值的准确性 进行制动盘端面圆跳动量检查时，需使百分表的测头垂直于制动盘 进行制动盘端面圆跳动量检查时，测量位置一般要在摩擦片和制动盘的接触范围内进行	□已完成

操作帮助

制动盘厚度测量

（3）哈弗 M6 PLUS 汽车前制动轮缸检查

	操作步骤	操作登记
	①检查制动钳总成及制动管路有无油渍、破损、变形	□已完成
	②检查制动轮缸活塞密封圈有无破损、老化、裂纹，密封圈表面有无油渍	□已完成
	③检查制动钳导向销的皮圈有无老化、破损	□已完成
	④检查制动钳导向销滑动情况 **注意**：制动钳导向销如果卡滞，会导致制动轮缸活塞回位发生问题，制动摩擦片偏磨，单侧制动拖滞，引起车辆行驶中跑偏	□已完成

（4）哈弗 M6 PLUS 汽车制动摩擦片检查

	操作步骤	操作登记
	①检查内侧摩擦片工作表面有无油渍、破损、变形及磨损是否异常（沟槽、发蓝）	□已完成
	②检查外侧摩擦片工作表面有无油渍、破损、变形及磨损是否异常（沟槽、发蓝）	□已完成
	③检查内侧摩擦片厚度	□已完成
	④检查外侧摩擦片厚度 **注意**：检查和测量摩擦片厚度时，要除去底板衬片的厚度 油渍会减小摩擦，影响制动效果；摩擦片表面发蓝是长时间摩擦，产生高温导致的，会影响制动效能	□已完成

操作帮助

拆下制动钳，取下制动块

2. 后制动器检测

查阅哈弗 M6 PLUS 汽车维修手册，填写后制动盘技术参数表格。

制动盘直径（mm）	标准	
制动盘端面圆跳动量（mm）	最大值	
制动盘允许划痕深度（mm）	最大值	
制动盘厚度（mm）	标准	
	最小	
摩擦片厚度（mm）	标准	
	最小值	

查阅资料填写后制动器零部件规定拧紧力矩。

名称	紧固零件	拧紧力矩（N·m）	数量	备注
螺栓	后轮毂总成×后转向节		8	—
螺钉	后制动盘×后轮毂总成		4	—

续表

名称	紧固零件	拧紧力矩（N·m）	数量	备注
螺栓	后制动钳总成×后转向节		4	—
螺栓	制动软管总成×制动钳总成		2	—
螺栓	放气螺栓×钳体		2	—
螺栓	钳体×钳架		4	—
螺栓	后制动盘罩总成×后转向节		4	—

（1）哈弗 M6 PLUS 汽车后制动器检查

	操作步骤	操作登记
	①释放车辆驻车制动，举升车辆到合适高度 **注意**：点火开关处于 ON 位置或发动机运转时，踩下制动踏板，长按 EPB（驻车制动）开关，释放驻车制动，然后关闭点火开关，发动机熄火后松开 EPB 开关	□已完成
	②拆卸后车轮，拆下两颗钳体×钳架螺栓	□已完成
	③检查内、外侧摩擦片厚度 **注意**：检查和测量摩擦片厚度时，要除去底板衬片的厚度	□已完成
	④检查内、外侧摩擦片工作表面有无油渍、破损、变形及磨损是否异常（沟槽、发蓝） **注意**：油渍会减小摩擦，影响制动效果；摩擦片表面发蓝是长时间摩擦，产生高温导致的，会影响制动效能	□已完成
	⑤检查后轮制动盘磨损状况及厚度 如果制动盘上有与报警片摩擦的痕迹，则成套更换摩擦片	□已完成
	⑥安装制动盘与摩擦片 **注意**：更换新摩擦片，需将制动钳活塞推回初始位置，并从制动液罐中抽取适量的制动液 不要让制动系统中能引起摩擦的任何零件（包括制动盘、摩擦片的摩擦面）接触润滑脂、机油、制动液、其他润滑剂或含有矿物油的清洁剂 更换摩擦片时，需先将污渍清理干净，然后在钳架导向槽处均匀涂抹油脂	□已完成

（2）制动液的检查与更换

	操作步骤	操作登记
 最高液面 最低液面	①制动液的检查 　检查制动液面是否正常＿＿＿＿＿＿＿＿＿＿＿＿ 　□能正常使用　□需加注 　如果制动液不足，应加入什么样的油液？＿＿＿＿ 　目前常用的制动液的型号有哪几种？＿＿＿＿＿＿ 　**注意**：制动液一般具有腐蚀性，所以在更换时切不可与汽车漆面接触。另外，制动液还具有较强的吸湿性，能吸收周围空气中的水分，时间久了会使制动效能降低	□已完成
	②制动液的更换周期是＿＿＿＿＿＿＿＿＿＿＿＿＿＿	□已完成
	③为什么制动液中不能混入空气？	□已完成
	④如何进行制动液废液处理？	□已完成
	⑤进行车辆制动系统排空气时需要做哪些安全措施？	□已完成
	⑥进行车辆制动系统排空气操作，需要哪些工具和材料？	□已完成
	⑦编写制动液排空气的步骤 　步骤一： 　步骤二： 　步骤三： 　步骤四：	□已完成
	⑧制动液的加注 　制动液排空气前，加注量＿＿＿＿＿＿＿（可以/不可以）超过最高刻度线。制动液排气采取＿＿＿＿＿＿（单人/双人）操作	□已完成
	⑨如何确认排气已完成？	□已完成

操作帮助

制动油的更换

（六）确认排除故障

故障确认和排除	1. 故障的确认		
	□元件损坏	请写明元件名称：	
	□线路故障	请写明线路区间：	
	□其他		
	2. 故障点的排除处理说明		
	□更换	□维修	□调整

提示： 必要时，还应检查前轮及车架是否变形，对变形部件进行维修或更换。

（七）验证维修结果

车辆正常行驶	□正常 □不正常		
车辆制动系统	□正常 □不正常	如勾选不正常，请判断	□制动跑偏 □行驶跑偏 □制动甩尾
仪表故障指示灯	□正常 □不正常		

（八）维修任务拓展

请大家根据本任务学习的成果，团队合作完成下列任务。

任务
理清造成行驶时车辆跑偏故障的其他可能原因。例如，车辆定位出现问题导致行驶时车辆跑偏，制定相关的检修流程。

素养悦读之中国汽车品牌

新红旗汽车品牌重塑

　　从伴随国家领导人出访，到接待外国政要，再到保障重大国际会议、在重要外交场合中亮相……作为新中国汽车工业的一面旗帜，自从1958年第一辆红旗牌高级轿车诞生以来，一汽红旗便屡次成为国家庆典活动中的重要角色。

　　红旗汽车经历了早期的辉煌，又经历了多年的消沉，2017年徐留平加入红旗成为一汽领导后，重新开启了"新红旗"的品牌高端化之路。

　　从"国车"到"国民车"。时代发展让红旗早已失去了"国车"的地位，如果红旗依然故步自封，守着"国车"这一虚名不肯改变，那么注定不能实现自己的品牌价值。

　　一汽集团计划重点围绕四大方向，不断拓展技术内涵的架构。红旗品牌提出以电动化、智能网联化、造型新锐化、驾乘体验化、安全健康化、节能降耗化、精致精湛化、研究前瞻化为技术方向。在阶旗技术发展战略的设计与指引下，红旗创建了超级电动智能整车平台架构FMEs，汇聚了八大技术领域群、115项关键核心技术，是新红旗通向绿色智能化未来的关键技术支撑。

　　扎根于优秀基因，红旗凭借出色的产品矩阵，打动了众多消费者，改善了红旗品牌的品牌联想。与良好的市场口碑相对应，红旗在销售业绩上也开始呈现跃进式暴涨。年销售量从2017年5 665辆到2023年37万辆，增长近60倍。

　　资料来源：杜紫叶，安京旭. 新红旗汽车品牌重塑研究. 汽车后市场，2023（3）：168－170. 有删改.

学习评价

学习活动一 维修基础评价

班级		姓名		学号		日期		
序号	评价内容				配分	得分	层级	
1	能正确叙述制动跑偏的故障现象				5			
2	能掌握制动系统的功用、组成、类型				5			
3	能理解制动系统的工作原理				10			
4	能正确识读制动系统结构图				5			
5	能查阅维修手册，正确识别制动系统部件位置				5			
6	能根据维修手册正确拆卸制动系统零部件				10			
7	能根据维修手册正确检修制动系统零部件				10			
8	能根据维修手册正确测试驻车制动系统				10		☐A 档（90～100 分）	
9	能正确使用工具、量具、仪器等完成操作任务				5		☐B 档（76～89 分）	
10	能根据维修手册分析故障原因，并在教师的帮助指导下完成制动跑偏故障维修方案的制定				5		☐C 档（60～75 分） ☐D 档（60 分以下）	
11	遵守课堂纪律，积极接受任务，肯吃苦，会钻研				5			
12	时刻牢记安全第一，践行 7S 理念				5			
13	积极参与课堂讨论，发挥团队合作及创新精神				5			
14	在遇到困难时，不放弃，会思考，敢问询				5			
15	及时完成老师布置的任务及工单填写				10			
总分					100			
个人学习小结								

学习活动二　故障检修评价

班级		姓名		学号		日期	
序号	评价内容			配分	得分	层级	
1	能正确完成制动踏板自由行程检查与调整			5			
2	能准确检查制动系统故障和分析故障范围			5			
3	能正确查阅、使用维修手册			10			
4	能根据维修手册完成盘式制动器检测			10			
5	能根据教师和企业师傅的指导，正确排定检测顺序			5		□A档（90～100分） □B档（76～89分） □C档（60～75分） □D档（60分以下）	
6	能根据维修手册正确检查制动轮缸			5			
7	能根据维修手册正确检查制动主缸			5			
8	能根据维修手册进行真空助力器的检查			5			
9	能根据维修手册进行制动系统排空气			15			
10	能正确使用工具、量具、仪器等完成操作任务			5			
11	遵守课堂纪律，积极接受任务，肯吃苦，会钻研			5			
12	时刻牢记安全第一，践行 7S 理念			5			
13	积极参与课堂讨论，发挥团队合作及创新精神			5			
14	在遇到困难时，不放弃，会思考，敢问询			5			
15	及时完成老师布置的任务及工单填写			10			
总分				100			
个人学习小结							

学习任务评价表

班级				姓名				学号			
评价内容	自我评价（20%）			小组评价（30%）			教师评价（20%）			企业评价（30%）		
	10～8	7～4	3～1	10～8	7～4	3～1	10～8	7～4	3～1	10～8	7～4	3～1
学习活动一												
学习活动二												
课堂纪律												
团队合作												
表达能力												
动手能力												
反思能力												
工作态度												
安全意识												
总分												
任务总结												

车辆转向沉重故障的检修

9

任务概述

本任务来源于校企合作单位——柯信汽车快修的真实故障案例，围绕汽车转向沉重故障的检修展开。通过明任务、制计划、定方案、排故障、验质量、拓任务这一完整的流程，学生学会转向系统故障的判断和检修方法，具备处理不同类型转向系统故障的能力，按照汽车维修企业的实际工作流程实施任务。另外，在完成任务的过程中相互协作，树立使用工具、设备的安全意识，养成良好的职业素养。

学习目标

知识目标： 掌握转向系统的组成、类型及工作原理。

认识哈弗汽车转向系统。

技能目标： 能根据鱼骨图分析转向系统故障现象及原因，并完成维修方案的制定。

能根据微课视频、维修手册正确拆装、分解转向系统相关部件。

能正确使用工具仪器，完成转向系统故障的检修。

素养目标： 通过视频和图片展示交流、倾听师傅讲解分析，提高反思总结的能力，培养解决突发问题的专业综合素养。

建议学时

16 学时

学习活动一　维修基础

学习目标

知识目标： 掌握转向系统的组成、类型及工作原理。

掌握识别哈弗汽车转向系统各部件的方法。

技能目标： 能根据鱼骨图分析转向系统故障现象及原因，并完成维修方案的制定。

能根据微课视频、维修手册认识故障现象、正确拆装转向系统相关部件。

素养目标： 积极参与课堂讨论，发挥团队合作及创新精神，培养专业素养。

学习准备

工具： 通用拆装工具、内饰撬棒、起子套装。

材料： 零部件、密封件、清洁与安全耗材。

仪器： 诊断仪、万用表等。

资料： 维修手册、一体化参考书等。

典型案例引入

案例：一辆 2021 款哈弗 M6 PLUS 汽车，行驶 7.8 万千米，据客户反映该车出现转向沉重已有一段时间，维修人员在检查胎压、转向球头、轴承和助力油泵皮带时，发现皮带有些松动，在更换皮带后发现故障依旧存在。经维修组长检查后判断故障可能在转向器。客户要求尽快交车，现要求你与同事合作，在规定时间内完成故障的排除。（本案例由余姚柯信快修童文柯师傅提供）

确认故障现象

基本检查	①检查两侧轮胎气压	□正常　□不正常
	②确认是否在水平路面	□正常　□不正常
	③检查助力油液液位	□正常　□不正常
	④确认皮带有无老化	□正常　□不正常

续表

故障现象确认	①起动发动机	□正常　□不正常
	②向左、向右转动方向盘	□正常　□不正常
	③检查有无异响、转向沉重等故障现象	□正常　□不正常

维修理论基础

操作帮助

确认故障现象

汽车行驶过程中，行驶方向的改变是通过改变转向车轮_____来实现的，控制转向车轮偏转角的一整套机构，称为汽车转向系统，如图9-1所示。

（一）转向系统的功用

汽车转向系统的功用是根据_____的操作要求，将方向盘的转动变为车轮的方向变动。按转向动力源的不同，转向系统一般可分为机械式转向系统、_____助力转向系统和电动式助力转向系统。

1. 机械式转向系统

机械式转向系统的结构如图9-2所示，主要的能量来源是人力，所有传力杆件都是机械的，由转向操纵机构、_____、转向传动机构三大部分组成。

图9-1　汽车转向系统

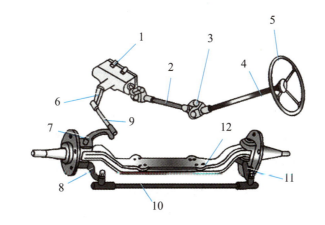

图9-2　机械式转向系统结构图

1—_____；2—_____；3—_____；4—_____；
5—_____；6—_____；7—_____；8—_____；
9—_____；10—_____；11—_____；12—_____

（1）转向操纵机构。

汽车转向操纵机构主要由方向盘、转向轴和_____等组成，各部件如图9-3所示。有可分离式安全转向操纵机构和缓冲吸能式安全转向操纵机构两种类型。

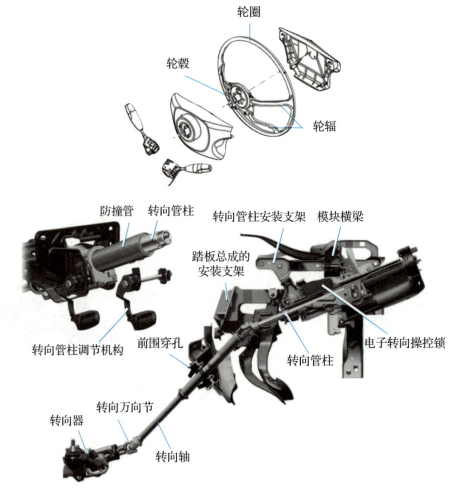

图 9 - 3　汽车转向操纵机构结构图

其中方向盘由钢骨架轮圈、轮辐和_____组成。

转向轴是将驾驶员作用于方向盘的转向操纵力矩传给转向器的_____。它的上部用轴承或衬套支承在转向管柱内，下部支承在固定支架内的轴承中，轴承下端装有弹簧，可以自动消除转向管柱与转向轴之间的轴向间隙，下端与万向节相连。转向管柱的下端压装在下固定支架的孔内，下固定支架用螺栓固定在驾驶室地板上。转向管柱的上端通过上固定支架固定在驾驶室前部仪表板上。

1）可分离式安全转向操纵机构［见图 9 - 4（a）］，该机构的转向轴分为上下两段，当发生撞车时，上下两段互相分离或互相滑动，避免在第一次冲击时方向盘随车身后移对驾驶员造成伤害。

2）缓冲吸能式安全转向操纵机构［见图 9 - 4（b）］，从结构上能使转向轴和转向管柱在受到冲击后轴向收缩，并吸收冲击能量，有效缓和方向盘对驾驶员的冲击，减轻驾驶员所受伤害的程度。按结构的不同，转向操纵机构上的缓冲吸能装置可分为网状管柱吸能装置、波纹管变形吸能装置和钢球滚压变形吸能装置。

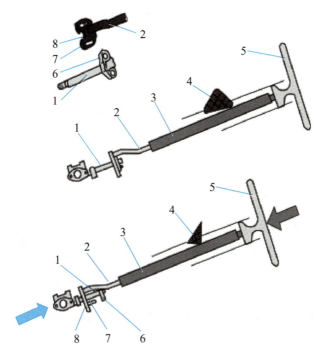

（a）可分离式安全转向操纵机构

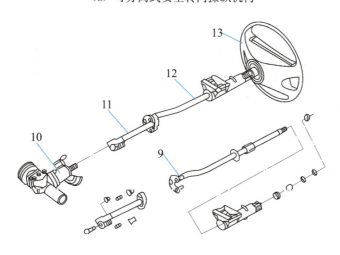

（b）缓冲吸能式安全转向操纵机构

图 9-4　转向操纵机构

1—_____；2—_____；3—_____；4—_____；5—_____；
6—_____；7—_____；8—_____；9—_____；10—_____；
11—_____；12—_____；13—_____

（2）转向器。

转向器是转向系统的_____传动装置，一般有1～2级减速传动副。其功用是增大方向盘传到转向轮上的转向转矩，并改变力的传递方向。按照结构形式的不同，转向器可分为循环球式和齿轮齿条式两种；按照转向器作用力的传递情况，转向器可分为可逆式、不可逆式和极限可逆式三种。

循环球式转向器［见图9-5（a）］一般有两级传动副，第一级是_____传动副，第二级是_____传动副。工作时，转向螺杆转动，通过钢球将力传给转向螺母，使转向螺母沿轴向移动。同时，在转向螺杆、转向螺母和钢球间摩擦力矩的作用下，所有钢球便在螺旋管状通道内滚动，绕行两圈后，流出转向螺母，进入导管，再由导管流回螺旋管状通道内，如此循环。随着转向螺母沿转向螺杆进行轴向移动，其下面的齿条便带动转向摇臂摆动，再通过转向传动机构使车轮偏转，实现汽车转向。循环球式转向器常用于各种轻型、中型货车，也用于部分轻型越野汽车。

齿轮齿条式转向器以_____和_____作为传动机构，如图9-5（b）所示。齿轮齿条式转向器传动比由小齿轮的转数与齿条相应行程的比值来确定。齿条采用适当的齿形，可以使传动比在整个行程中变化。这样可减小为修正转向所需的操纵力或缩短行程。当转动方向盘时，转向器齿轮转动，啮合的齿条沿轴向移动，使左右转向横拉杆带动转向节左右转动，使转向车轮偏转，实现汽车转向。齿轮齿条式转向器结构简单、工作可靠、路感好、维修方便，适合于独立悬架配用，常用于轿车和轻型货车。

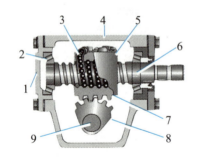

（a）循环球式转向器

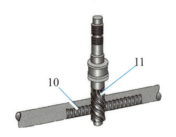

（b）齿轮齿条式转向器

图 9-5　转向器

1—_____；2—_____；3—_____；4—_____；5—_____；6—_____；
7—_____；8—_____；9—_____；10—_____；11—_____

（3）转向传动机构。

转向传动机构是将转向器输出的力和运动传给转向轮，使两侧转向轮偏转，并使两个转向轮偏转角按照一定关系变化，以实现汽车转向。按照悬架的不同，转向传动机构可以分为与_____配用的转向传动机构和与_____配用的转向传动机构。

与非独立悬架配用的转向传动机构一般由转向摇臂、转向直拉杆、转向节臂、梯形臂和转向横拉杆组成，如图9-6所示。梯形臂和转向横拉杆组成转向梯形机构。各个杆件之间都采用球形铰链连接，并设有防止松动、缓冲吸振、自动消除磨损后产生的间隙等作用的结构。

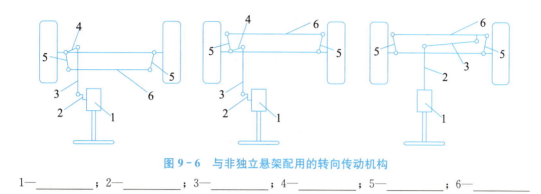

图9-6　与非独立悬架配用的转向传动机构

1—_____；2—_____；3—_____；4—_____；5—_____；6—_____

与独立悬架配用的转向传动机构如图9-7所示。当转向轮采用独立悬架时，由于每个转向轮都需要相对于车架或车身做独立运动，所以转向桥必须是断开式的，同时转向传动机构中的转向梯形机构也必须分成2段或3段。

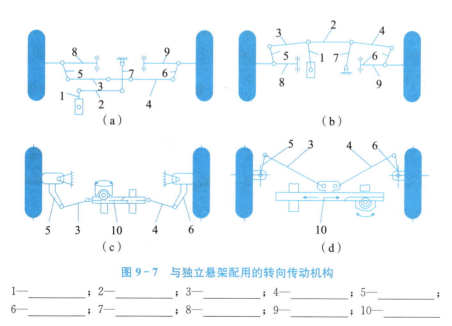

（a）　　　　　　　　（b）

（c）　　　　　　　　（d）

图9-7　与独立悬架配用的转向传动机构

1—_____；2—_____；3—_____；4—_____；5—_____；
6—_____；7—_____；8—_____；9—_____；10—_____

2. 液压式助力转向系统

液压式助力转向系统（见图9-8）在原有机械式转向系统的基础上，加设了一套液压助力转向装置。该装置主要由储油罐、_____、转向油管、_____和工作缸组成。按照系统内部压力状态的不同，液压式助力转向系统可以分为常压式和_____常流式。

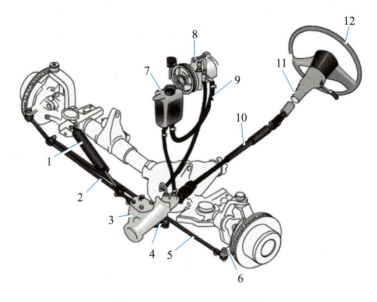

图9-8 液压式助力转向系统

1—_____；2—_____；3—_____；4—_____；5—_____；
6—_____；7—_____；8—_____；9—_____；10—_____；
11—_____；12—_____

转向控制阀（见图9-9）的功能是使工作缸根据方向盘的旋转运动建立起相应的油压，采用柔性的力矩探测元件可精确无误地将力矩尽可能转换成控制行程。控制行程使阀芯产生相应的移动，阀芯的边缘做成倒角或斜角，移动之后其边缘形成相应的液流通道的界面开度。阀芯通常是按空心原理设计的，即当转向控制阀没有动作时，从转向油泵输出的油液以零压力流回储油罐。

汽车转向时，驾驶员只需在方向盘上用较小的力，此时由发动机驱动的转向油泵建立的高压油在控制阀的控制下进入动力缸，推动转向轮偏转，实现汽车转向。

由于增加了液压助力装置，驾驶员操纵方向盘转动既轻便又灵敏。同时，因为液压系统工作时无噪声，滞后时间短，能吸收来自不平路面的冲击，所以该系统在

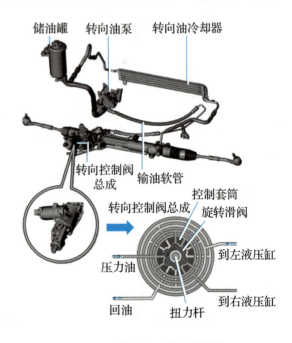

图9-9 转向控制阀

许多汽车上，尤其在轿车上广泛应用。

3. 电动式助力转向系统

电动式助力转向系统通过电动机将＿＿＿＿＿＿转变为机械能，作为转向助力的动力源，并利用计算机根据＿＿＿＿＿＿与行驶条件的变化自动调节转向助力的大小，以保证方向盘转向轻便灵活。因此增加了＿＿＿＿＿＿、转向助力电动机（伺服电动机）、减速机构、转矩传感器、转向角传感器等，如图9－10所示。

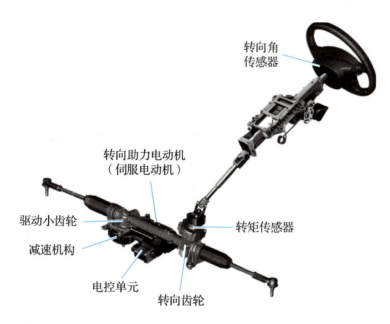

图 9－10　电动式助力转向系统 1

在汽车转向时，转矩传感器检测由驾驶员施加给方向盘的转向力矩，并将此信号传输给电控单元。电控单元计算辅助力矩，并在计算结果的基础上控制伺服电动机。如果汽车从弯道驶出，电动机通过蜗轮蜗杆传动装置传递转向力矩，将方向盘转回到直线行驶位置。电控单元考虑了汽车行驶速度、转向力矩和转向角度等数据，利用车上的其他传感器和电控单元联网，就可使转向系统为汽车的高舒适性和高安全性提供辅助，如图9－11所示。

这种系统的优点是：不直接消耗发动机动力，没有液压系统，节能，安装自由度大等。缺点是：电动式助力转向系统产生的助力不如液压式助力转向系统大，因此，它常用于前轴负荷较轻的轿车上。同时在辅助转向发生故障时，驾驶员仍可利用机械结构进行转向。

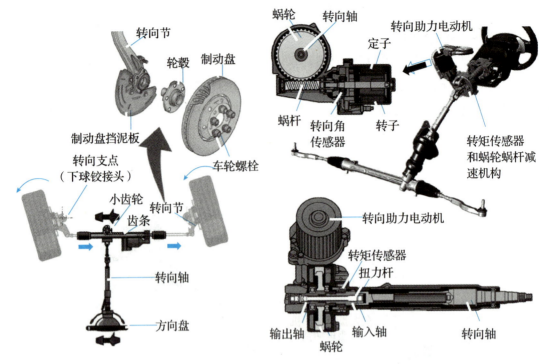

图 9-11　电动式助力转向系统 2

新能源汽车电动式助力转向（EPS）系统与燃油汽车的电动式助力转向系统基本相同，对于新能源汽车而言，采用 EPS 是必然选择，由于它本身没有内燃机，转向系统动力的来源只能来自电动机，因此新能源汽车转向系统的选择只能是 EPS 或者液压式助动转向（EHPS）系统。

（二）哈弗汽车转向系统认知

哈弗 M6 PLUS 汽车转向系统由转向管柱带传动轴总成、_____、储油罐、转向器带横拉杆总成、转向油管组件等组成，如图 9-12 所示。发动机通过皮带传动驱动转向油泵产生液压，液压作用于转向器的活塞，_____活塞推动转向器的齿条，给齿条一个辅助力，这个辅助力的大小与作用在活塞上的压力有关，压力变化由转向器中的控制阀来控制。

（1）转向过程。当转动方向盘时，_____中扭杆产生扭转变形，与之连接的控制阀阀芯也随之转动，打开一方油液通道，同时关闭另一方油液通道，把液压油送到油缸活塞一侧，推动活塞移动，从而带动齿条实现前轮转向。

（2）回正过程。转向完成后，方向盘上的力消失，扭杆变形恢复，控制阀阀芯跟着转回中间位置。转向油泵供给的液压油不流向油缸，直接从控制阀经回路流回_____，

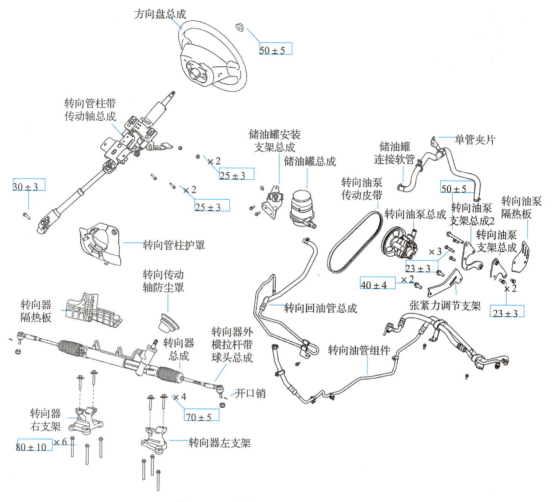

图 9-12 哈弗 M6 PLUS 汽车转向系统

资料来源：哈弗 M6 PLUS 汽车维修手册.

这时转向器的活塞两边压力相等。汽车在前轮定位参数的作用下，自动恢复直线行驶状态。在恢复直线行驶的过程中，活塞移动，活塞一边的油经控制阀通道流向另一边。

（3）直线行驶。这时转向器中的控制阀阀芯不动作，处于中间位置。转向油泵供给的液压油不流向油缸，直接从控制阀经回路流回储油罐。这时转向器的活塞两边压力相等，活塞不会移动。

（三）哈弗汽车转向系统的实车认知

看图填写部件名称，并写清楚部件在实车中的具体位置。

（1）_____，部件位置在_____。

（2）_____，部件位置在_____。

（3）_____，部件位置在_____。

（4）_____，部件位置在_____。

（5）_____，部件位置在_____。

操作帮助

实车部件认知

维修实操基础

完成转向系统的检查并填写工单。

1. 储油罐液面高度检查		
	操作步骤	操作登记
	①将车辆停放在平坦的地面上，使前轮处于直行位置	□已完成
	②起动发动机，并使其达到正常的_____	□已完成
	③使发动机急速运转大约2min，左、右打几次方向盘，使油温达到40～80℃，关闭发动机	□已完成
	④观察储油罐的液面，此时液面应处于"_____"（上限）与"_____"（下限）之间，液面低于"MIN"时，应加至接近"MAX"	□已完成
	⑤对于用_____检查的汽车：拧下带油尺的封盖，用布将油位标尺擦净，将带油尺的封盖插入储油罐内拧好，然后重新拧出，观察油尺上的标记，应处于"MAX"与"MIN"之间，必要时将转向油加至"MAX"处 判断检查结果　□正常　□不正常 注意：由此判断转向故障是否是油液问题的原因之一	□已完成

2. 方向盘自由行程的检查

	操作步骤	操作登记
	汽车每行驶_____千米，应检查方向盘的自由行程	□已完成
	①起动发动机，有助力转向系统的，应在发动机保持_____状态下检查（机械式转向系统除外）	□已完成
	②转动方向盘使前轮处于_____行驶位置	□已完成
	③将自由转动量检查器刻度盘和指针分别夹持在转向管柱和方向盘上	□已完成
	④分别向左、向右轻轻转动方向盘，当转向轮要开始转动（感觉到有阻力）时即刻停止，此时刻度盘指针所指的角度就是方向盘的_____	□已完成
	一般要求方向盘自由行程为_____ 实测值_____ 判断检查结果　□正常　□不正常 如果不符合要求，应该检查转向器间隙，调整转向球头销等	□已完成

操作帮助

转向系统检查 01

3. 方向盘转动阻力检查

	操作步骤	操作登记
	①起动发动机	□已完成
	②方向盘转动阻力可用_____拉动方向盘边缘进行测量 判断检查结果　□正常　□不正常	□已完成
	转动力＝M/r 式中：M 为转动力矩，N·m；r 为转向半径，m	□已完成

4.方向盘锁止功能检查

	操作步骤	操作登记
	①将点火开关转至"＿＿＿＿＿＿"位置	□已完成
	②轻轻转动方向盘，此时方向盘应该锁止，不能转动（哈弗 M6 PLUS 车型可以在不加助力的情况下转动方向盘，但阻力很大，易损坏转向系统零部件） 判断检查结果　□正常　□不正常	□已完成
	③将点火开关转至"＿＿＿＿＿＿"位置，方向盘应能自由转动 判断检查结果　　□正常　□不正常	□已完成

5.转向操纵机构松动、摆动检查

	操作步骤	操作登记
	①用双手握住方向盘	□已完成
	②在＿＿＿＿＿＿方向上用力摇动	□已完成
	③观察方向盘是否移位 判断检查结果　　□正常　□不正常 **注意：** 由此判断方向盘与转向轴的安装情况、轴承是否松旷等	□已完成

操作帮助

转向系统检查 02

制订维修计划

（一）分析故障鱼骨图

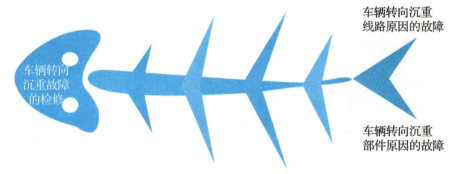

（二）设计维修方案

根据验证的故障现象，设计维修方案，写出方案的具体步骤。

步骤 1	
步骤 2	
步骤 3	
步骤 4	
步骤 5	
步骤 6	
步骤 7	
步骤 8	
步骤 9	
步骤 10	
步骤 11	
步骤 12	
补充步骤	

（三）绘制诊断流程

学习活动二　　　　故障检修

学习目标

知识目标： 掌握维修工单的填写与修正。

技能目标： 能根据微课视频、维修手册正确使用工具、量具、仪器等完成转向系统故障的检修。

能通过视频和图片展示交流，反思检修过程，提出改进建议。

素养目标： 培养专业素养和劳动意识，培养社会责任感。

学习准备

工具： 通用拆装工具、拉拔器、量具等。

材料： 零部件、密封件、润滑油、清洁与安全耗材。

仪器： 诊断仪、万用表等。

资料： 维修手册、一体化参考书等。

操作过程

（一）读取故障码和数据流

与液压式助力转向系统相关的DTC	□无 DTC　　□有 DTC：＿＿＿＿＿＿＿＿＿＿
与液压式助力转向系统相关的数据流	□正常　　□不正常

（二）选用动作测试

液压式助力转向系统是否选用动作测试	□选用　　□不选用

提示： 故障码与动作测试要根据车型具体信息来选择，如果没有相关数据，可以勾选"无"。

（三）分析故障范围

故障现象参考	汽车行驶中驾驶员向左、向右转动方向盘时，感觉到沉重、费力，无回正感；当汽车低速转弯行驶或掉头时，驾驶员转动方向盘感到非常吃力，甚至转不动

续表

故障原因分析	轮胎气压不足
	转向节与主销配合过紧或缺油
	纵、横拉杆球头连接调整过紧或缺油
	转向器转动副的主动部分轴承预紧力太大或从动部分与衬套配合太紧、啮合调整得太紧、无油或缺油、转向轴弯曲或其套管凹瘪造成刮碰
	转向节止推轴承缺油或损坏
	主销后倾过大，主销内倾过大、前轮负外倾
	前梁、车架变形造成前轮定位失准

提示：以常规故障现象和原因分析思路作为参考，结合鱼骨图的分析，弥补在设计维修计划中实际维修可能会遇到的情况以及相应的解决流程。

（四）排定先后顺序

确定故障顺序		□拆卸	□替换
		□拆卸	□替换
		□拆卸	□替换
		□拆卸	□替换
		□拆卸	□替换
		□拆卸	□替换
		□拆卸	□替换

（五）检查测量过程

完成工单的填写，请根据故障范围选择相应的内容和顺序。

1. 检查轮胎气压、轴承松紧程度、定位参数		
	操作步骤	操作登记
	①检查轮胎气压，标准值_____ 　实测值：左前_____、左后_____ 　　　　　右前_____、右后_____ 　判断检查结果　□正常　□不正常	□已完成
	②检查轮毂轴承松紧程度 　贴耳听轴承转动的声音 　上下、左右晃动车轮，确认无松动 　判断检查结果　□正常　□不正常	□已完成

续表

	操作步骤	操作登记
	③检查前轮定位 主销后倾角_____、主销内倾角_____ 前轮外倾角_____、前轮前束_____ 判断检查结果　□正常　□不正常	□已完成

2. 检修前桥、转向传动机构

	操作步骤	操作登记
	①顶起前桥，使前轮悬空，转动方向盘	□已完成
	②如果感到明显轻便、省力，则故障在前轮、前桥或车架 判断检查结果　□正常　□不正常	□已完成
	③如果转向仍然沉重、费力，则应将垂臂拆下	□已完成
	④继续转动方向盘，如果明显轻便、省力，则故障在转向传动机构 判断检查结果　□正常　□不正常	□已完成
	⑤检查各部连接处是否过紧而使运动卡滞，各拉杆及转向节有无变形，转向节主销轴向间隙是否过小 判断检查结果　□正常　□不正常	□已完成
	⑥如果仍沉重、费力，则下一步检查转向器	□已完成

3. 检查转向器工作情况

	操作步骤	操作登记
	①检查方向盘自由行程和方向盘转动阻力	□已完成
	②判断转向器轴承预紧度和转向器传动副配合间隙大小，如果不符合要求，则需要对转向器轴承预紧度和转向器传动副配合间隙进行调整 判断检查结果　□正常　□不正常	□已完成
	③目视检查转向传动机构是否弯曲、损坏，防尘罩是否有裂纹或破损 判断检查结果　□正常　□不正常	□已完成
	④目视检查转向器是否漏油 用手摇晃转向传动机构，检查是否松动或摆动 判断检查结果　□正常　□不正常	□已完成

操作帮助

检查测量过程

4. 拆卸转向器		
	操作步骤	操作登记
 工具、设备、耗材准备 预调式扭力扳手 接油盆 抹布 世达150件套 台虎钳 助力油 球头拆装工具	①准备拆装工具，包含世达拆装套装、球头拆卸专用套装、扭力扳手尖嘴钳、油液收集器、清洁材料等 工具是否齐全　□齐全　□缺少	□已完成
	②断开转向控制阀和转向器上的线束插接器 插接器是否完好、内部有无锈蚀 □正常　□不正常 **注意：** 插接器锁舌较紧，但是不能使用撬棒等工具，易损坏塑料卡件	□已完成
	③使用扳手拧松储油罐与转向器之间的两根转向油管 固定螺母是否漏油　□是　□否 **注意：** 助力转向油液会流出，请及时用接油盆做好收集	□已完成
	④需要先使用方向盘，将车轮转动一定的方向，再使用工具拧松左前轮、右前轮转向球头固定螺母 判断螺母是否需要更换　□需要　□不需要 **注意：** 如有弹簧垫圈等加固装置，应先拆卸	□已完成

续表

	操作步骤	操作登记
	⑤组合球头专用工具，并使用该工具套装顶出左前轮、右前轮转向球头 球头螺纹　□正常　□不正常 **注意**：如未学会专用工具的使用，可以观看视频或请求教师的帮助	□已完成
	⑥将方向盘回正，固定一端，拆卸方向盘传动轴与万向节之间的固定螺栓螺母 转动万向节　□正常　□不正常 **注意**：不同车型拆卸的位置不一样，一般在驾驶室踏板附近与发动机舱内都有连接部分	□已完成
	⑦使用工具拧松转向器固定在车架上的 4 颗螺栓、螺母 固定架有无变形　□有　□无 **注意**：分次拧松，小心与油管连接的部分，螺栓拆卸后先安装回车架上以防止丢失	□已完成
	⑧分开线束，查看转向器总成是否松动，之后小心取下转向器总成部件 转向器有无变形　□有　□无 **注意**：转向器总成取下前一定要再次确认所有连接部分	□已完成

操作帮助

拆卸转向器

5. 分解转向器

	操作步骤	操作登记
	①整理工位：清洁并检查操作台上的台虎钳，清点拆装工具 台虎钳是否正常　□正常　□不正常 工具是否齐全　□齐全　□缺少	□已完成
	②使用扳手拧松转向控制阀上的两根转向油管，之后拆下油管 油管连接是否正常　□正常　□不正常 **注意**：拆卸时注意角度，如有油液漏出，请及时清理	□已完成
	③用清洁剂清洁端头部分，使用记号笔或者粉笔在左右转向齿条端头做好标记 是否做好标记　□是　□否 **注意**：安装时参照该记号，如未对齐应及时修正	□已完成
	④使用扳手拆卸左右横拉杆接头和固定螺母，固定一端，另一侧用力拧松并取下 有无打滑　□有　□无 **注意**：不要用力过度，应使用合适的工具，注意两个扳手之间拧动的方向	□已完成
	⑤使用尖嘴钳拆卸左右防尘罩的两个固定卡箍，取下防尘罩 卡箍是否损坏　□是　□否 **注意**：固定卡箍的形式各有不同，选用螺钉工具或者尖嘴钳、鲤鱼钳	□已完成

续表

	操作步骤	操作登记
	⑥转动台虎钳把手至合适的位置，将转向器总成固定在台虎钳上 转向器总成是否固定牢靠　□是　□否 **注意：** 台虎钳上放置抹布以保护转向器部件	□已完成
	⑦使用活动扳手调整至合适大小，拆卸左右齿条端的球头并取下 有无打滑　□有　□无 **注意：** 不要用力过度，应使用合适的工具	□已完成
	⑧使用套筒工具或内六角扳手拧松两颗固定螺栓，拔出卡槽处的卡环 定位是否损坏　□是　□否 **注意：** 使用合适的工具，拔出转向定位环时，会有油液漏出	□已完成
	⑨使用指针式扭力扳手拧松扭杆固定螺母并取出，选择是否拆卸扭杆固定轴承，取出压紧弹簧、轴承、齿条等 转动轴螺纹　□正常　□不正常 **注意：** 使用合适的套筒，调整台虎钳的固定位置，最好与辅助员一起完成 使用抹布保护，并将拆卸的所有零部件整理整齐，方便下一步的检修	□已完成

操作帮助

分解转向器

6. 转向器部件检查

	操作步骤	操作登记
	①外观检查 　转向控制阀检查结果　　□正常　□不正常 　拉杆球头检查结果　　　□正常　□不正常 　转向内球头检查结果　　□正常　□不正常 　防尘罩检查结果　　　　□正常　□不正常 　各转向油管检查结果　　□正常　□不正常 　齿轮齿条啮合情况　　　□正常　□不正常 　转动轴承情况　　　　　□正常　□不正常 　线束插接器检查结果　　□正常　□不正常	□已完成
	②圆跳动量测量 　使用百分表测量齿条圆跳动量，标准值为 0.12mm 　实测值＿＿＿＿＿＿ 　判断检查结果　□正常　□不正常 　**说明**：如果齿轮齿条配合无异响，可以选择是否进行圆跳动量的测量	□已完成
	③转向控制阀线圈电阻测量 　使用万用表检查线圈电阻，标准值为 6.5Ω 　实测值＿＿＿＿＿＿ 　判断检查结果　□正常　□不正常	□已完成

操作帮助

转向器部件检查

7. 组装与安装转向器

	操作步骤	操作登记
	①使用工具按相反顺序组装转向器总成 　**注意**：操作中的密封件必须更换 　油管安装以后要进行检漏测试 　各固定螺栓、螺母必须紧固到相应扭矩 　组装完成后要检验转向效果	□已完成
	②使用工具按相反顺序在车架安装转向器总成 　**注意**：安装完成后及时添加转向油 　油管安装以后要进行检漏测试 　插接器连接时注意不要有油液滴入 　各固定螺栓、螺母必须紧固到相应扭矩	□已完成
	③整理工具、清洁工位、垃圾分类（5S标准）	□已完成

（六）确认排除故障

故障确认和排除	1. 故障的确认		
	□元件损坏		请写明元件名称：
	□线路故障		请写明线路区间：
	□其他		
	2. 故障点的排除处理说明		
	□更换	□维修	□调整

提示： 必要时，还应检查前轮及车架是否变形。对变形部件进行维修或更换。

（七）验证维修结果

基本检查	①确认是否在水平路面 ②检查转向油液液位 ③确认皮带无老化 ④检查两侧轮胎气压	□已完成
故障现象确认 （根据不同故障范围，进行功能检测，并填写检测结果）	①起动发动机 ②向左、向右转动方向盘 ③检查有无异响、转向沉重等故障现象	□正常　□不正常

（八）维修任务拓展

请大家根据本任务学习的成果，任意选取一项任务，团队合作完成。

任务
选择1　转向盘自由行程过大

选择1　转向盘自由行程过大

故障现象：汽车保持直线行驶位置静止不动时，轻轻来回晃动方向盘，感到游动角度很大。

可能的原因：

（1）方向盘与转向轴结合部位松旷。

（2）方向盘与转向轴轴承松旷。

（3）转向器垂臂轴与垂臂连接部位松旷。

（4）纵、横拉杆球头连接部位松旷。

（5）纵、横拉杆臂与转向节的连接部位松旷。

（6）转向节与主销松旷。

（7）轮毂轴承松旷。

操作提示：

（1）先检查转向盘与转向轴是否松旷。

（2）检查转向器内转动副的轴承或衬套是否松旷。

续表

（3）检查转向器内转动副的啮合是否松旷。

（4）检查垂臂与垂臂轴，纵、横拉杆球头连接，转向节与主销是否松旷。

（5）如果以上部位均无故障，则故障是由轴承或拉杆臂松旷所造成的。

根据以上提示，制定本任务的操作流程。

选择 2　汽车行驶自动跑偏

故障现象：汽车行驶中自动跑向一边，驾驶员必须用力控制方向盘，才能保持汽车直线行驶。

可能的原因：

（1）两个前轮的轮胎气压不等、直径不一，车内装载不均。

（2）左、右车架前钢板弹簧挠度不等或弹力不等。

（3）前桥、后桥转向管柱或车架发生水平平面内的弯曲。

（4）车架两边的轴距不等。

（5）两个前轮的轮毂轴承或轮毂油封的松紧度不一。

（6）前、后桥两端的车轮有单边制动或单边拖滞现象。

（7）两个前轮的外倾角、主销后倾角或主销内倾角不等。

（8）前束太大或负前束。

操作提示：

（1）应先检查跑偏一侧的轮毂和制动器是否温度过高。如果温度过高，故障可能是由轮毂轴承过紧和制动拖滞造成的，应调整转向器间隙或轮毂轴承预紧度。

（2）检查轮胎气压，轮毂轴承松紧程度。给轮胎充气，调整轴承预紧度。

（3）新换轮胎出现跑偏，原因多为轮胎规格不等。更换为合格轮胎。

续表

（4）检查钢板弹簧有无松动、断裂，车桥有无歪斜移位，车架有无变形等。

（5）检查前轮定位情况。

根据以上提示，制定本任务的操作流程。

 素养悦读之中国汽车品牌

民族品牌——五菱汽车

在中国这个庞大的汽车市场中，有一家品牌以其逆袭的传奇故事而备受瞩目——五菱汽车。从草根崛起成为中国合资品牌大佬，五菱品牌的逆袭史无疑是中国汽车工业中最令人鼓舞的篇章之一。

五菱品牌的早期起源于1958年，当时柳州动力机械厂的工人们靠着坚定的信念让工厂保持运转，此时丰收牌拖拉机应运而生。但由于各种意外，还是无法投入生产，最终只得放弃这款拖拉机，转而生产微型汽车。

荣光系列的成功使五菱品牌开始脱颖而出，"地摊神车""人民代步车"等热门话题让这个国产汽车品牌重新进入了大家的视野。同样在新能源领域，宏光 MINI EV 累计销量突破120万辆，连续28个月蝉联中国新能源销冠，多次登顶全球单一车型新能源销量冠军。从五菱汽车品牌创立及定位来看，精准定位策略应用是其成功占领市场的关键因素。

展望五菱品牌在中国汽车工业70周年后的发展，可以说充满了机遇和挑战。只有不断创新和超越自我，才能在激烈的市场竞争中立于不败之地。相信在不久的将来，五菱品牌将继续迎来更好的发展，为中国汽车工业的繁荣做出更大的贡献。

资料来源：张敏莉，李欣. 探析五菱汽车的品牌定位及其策略. 汽车后市场，2023（1）：38-42. 有删改.

学习评价

学习活动一　维修基础评价

班级		姓名		学号		日期	
序号	评价内容			配分	得分	层级	
1	能正确叙述车辆转向沉重的故障现象			5			
2	能掌握转向系统的组成、类型			5			
3	能理解液压式助力转向系统的工作原理			10			
4	能正确认识哈弗汽车转向系统各部件			10			
5	能查阅维修手册，正确识别哈弗汽车转向系统部件位置			10			
6	能根据维修手册正确检查转向系统			10			
7	能正确使用工具、量具、仪器等完成操作任务			10		□A 档（90～100 分） □B 档（76～89 分） □C 档（60～75 分） □D 档（60 分以下）	
8	能根据维修手册分析故障原因，并在教师的帮助指导下完成故障维修方案的制定			10			
9	遵守课堂纪律，积极接受任务，肯吃苦，会钻研			5			
10	时刻牢记安全第一，践行 7S 理念			10			
11	积极参与课堂讨论，发挥团队合作及创新精神			5			
12	在遇到困难时，不放弃，会思考，敢问询			5			
13	及时完成老师布置的任务及工单内容			5			
总分				100			
个人学习小结							

学习活动二　故障检修评价

班级		姓名		学号		日期		
序号	评价内容				配分	得分	层级	
1	能正确查阅、使用维修手册				10			
2	能根据维修手册分析故障范围				10			
3	能根据教师和企业师傅的指导，正确排定检测顺序				10			
4	能根据维修手册、微课视频正确拆装转向系统部件				10			
5	能根据维修手册、微课视频正确拆解转向器				10			
6	能根据维修手册正确维修故障点				10		□A 档（90～100 分）	
7	能正确使用工具、量具、仪器等完成操作任务				5		□B 档（76～89 分）	
8	能在排除故障后进行维修质检验证				5		□C 档（60～75 分）	
9	遵守课堂纪律，积极接受任务，肯吃苦，会钻研				5		□D 档（60 分以下）	
10	时刻牢记安全第一，践行 7S 理念				5			
11	积极参与课堂讨论，发挥团队合作及创新精神				5			
12	在遇到困难时，不放弃，会思考，敢问询				5			
13	及时完成老师布置的任务及工单填写				10			
总分					100			
个人学习小结								

学习任务评价表

班级				姓名			学号					
评价内容	自我评价（20％）			小组评价（30％）			教师评价（20％）			企业评价（30％）		
	10～8	7～4	3～1	10～8	7～4	3～1	10～8	7～4	3～1	10～8	7～4	3～1
学习活动一												
学习活动二												
课堂纪律												
团队合作												
表达能力												
动手能力												
反思能力												
工作态度												
安全意识												
总分												
任务总结												

传动轴异响故障的检修

10

任务概述

　　本任务来源于校企合作厂真实的故障案例，针对故障现象进行分析，围绕传动系统的检修展开，能根据维修手册要求，在规定时间内规范地对万向传动装置、传动轴、车轮等进行拆卸、解体、清洗、装配、调整，完成故障检修，按照汽车维修企业的实际工作流程实施任务。另外，在完成任务的过程中相互协作，树立使用工具、设备的安全意识，养成良好的职业素养。

学习目标

知识目标：掌握万向传动装置的组成、类型、功能及工作原理。

　　　　　　掌握万向节的分类及特点。

　　　　　　掌握万向传动装置的结构特点、实现等速传动的条件。

技能目标：能根据维修手册要求，在规定时间内规范完成万向传动装置的拆卸、检查工作。

　　　　　　能对相关资料进行检索，完成工单的填写与总结。

　　　　　　能根据微课视频、维修手册正确拆卸万向传动装置并检修故障。

　　　　　　能正确选择并使用工具与设备对万向传动装置零部件进行拆装和检测。

　　　　　　能借助相关工具、量具、设备完成传动轴异响故障的检修。

素养目标：培养团队协作能力、自我纠错能力、创新实践能力，提升职业素养。

建议学时

32 学时

学习活动一　　维修基础

学习目标

知识目标：掌握万向传动装置的功用与组成。

掌握万向传动装置中传动轴、万向节和中间轴承的构造。

技能目标：能根据维修手册，分析和制定维修方案。

能正确拆卸和装配万向传动装置。

能根据微课视频、维修手册正确认识和分析故障现象。

素养目标：积极参与课堂讨论、方案展示，培养语言沟通能力和实事求是的精神。

学习准备

工具：通用拆装工具、传动系专用工具。

材料：零部件、抹布、清洁与安全耗材。

仪器：诊断仪、万用表等。

资料：维修手册、一体化参考书等。

典型案例引入

案例：章先生的一辆 2014 款科鲁兹轿车，配备自动变速器，为发动机前置前轮驱动布置形式，行驶 98 000 千米。车主反映，车辆在行驶中转弯的时候，一侧发出"咔咔"的响声。经维修组长检查后初步判断为万向传动装置故障，客户要求尽快交车，你作为维修人员，现需对相关部件进行拆检，根据维修手册的相关要求，在规定时间内完成传动系统的检查与零部件的更换，完成后交付维修组长验收。（本案例由余姚柯信快修童文柯师傅提供）

确认故障现象

车辆正常行驶	□正常 □不正常	
车辆传动系统	□正常 □不正常	如勾选不正常，请判断 □变速器 □万向传动装置 □传动轴
变速器	□正常 □不正常	

维修理论基础

汽车万向传动装置是汽车传动系统的重要组成部分，因为从发动机到离合器再到变速器直至驱动桥，力和运动不可能一直沿着直线传递，在两相交轴间出现夹角传动时，就需要能实现这样运动的机构——万向传动装置。

（一）汽车传动系统的布置形式

汽车传动系统的布置形式取决于汽车的使用性质、发动机的安装位置和汽车的_____。汽车传动系统结构如图 10-1 所示。

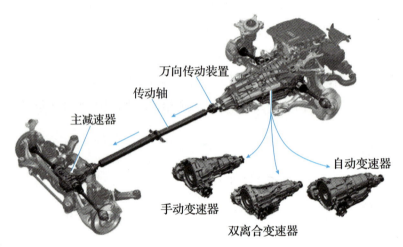

万向传动装置
传动轴
主减速器
自动变速器
手动变速器
双离合变速器

图 10-1 传动系统结构图

（1）_____，英文简称为 FR。特点是后驱动轮附着力大。应用车型有高档轿车、货车、面包车。

（2）前置前轮驱动，英文简称为_____。特点是操纵简单，高速稳定性好。应用车型有_____。

（3）中置后轮驱动，英文简称为 MR。特点是轴荷分配合理，操纵复杂。应用车型有赛车、部分大中型客车。

（4）_____，英文简称为_____。特点是_____。应用车型有越野汽车。

（二）万向传动装置的作用

汽车在行驶过程中，由于悬架受路面冲击而产生振动，使变速器的输出轴与驱动轮之间的相对位置会经常发生变化，为了实现一些轴线相交或相对位置经常变化的转轴之间的动力传递，必须采用万向传动装置。

对照图 10-2 填写各组成部分名称。

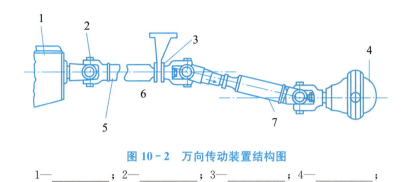

图 10 - 2　万向传动装置结构图

1—＿＿＿＿＿＿；2—＿＿＿＿＿＿；3—＿＿＿＿＿＿；4—＿＿＿＿＿＿；
5—＿＿＿＿＿＿；6—＿＿＿＿＿＿；7—＿＿＿＿＿＿

（三）万向传动装置的应用

（1）发动机前置后轮驱动汽车的变速器与驱动桥之间。当传动距离较远时，应将传动轴分成两段甚至多段，并加设中间轴承。

（2）多轴驱动的汽车的＿＿＿＿＿＿与＿＿＿＿＿＿之间或驱动桥与驱动桥之间。

（3）由于车架变形会造成轴线间相互位置变化的两传动部件之间。

（4）采用独立悬架的汽车的车轮与差速器之间。

（5）转向驱动车桥的差速器与车轮之间。

（6）转向机构的转向轴和转向器之间。

（四）万向节

在汽车上使用的万向节按其刚度大小，可分为挠性和刚性万向节。刚性万向节按其速度特性分为不等速万向节（常用的为＿＿＿＿＿＿）、＿＿＿＿＿＿（双联式和三销轴式）和＿＿＿＿＿＿（包括球叉式和＿＿＿＿＿＿等）。

目前，在汽车上应用较多的是十字轴式刚性万向节和等速万向节。十字轴式刚性万向节主要用于发动机前置后轮驱动的变速器与驱动桥之间，等速万向节主要用于发动机前置前轮驱动的内外半轴之间。

1. 不等速万向节

常见的不等速万向节为十字轴式刚性万向节，其允许相邻两轴最大交角为 $15°\sim20°$。十字轴式刚性万向节如图 10 - 3 所示，它主要由十字轴、万向节叉等组成。万向节叉上的孔分别套在十字轴的 4 个轴颈上。在十字轴轴颈与万向节叉孔之间装有滚针和套筒，用带有锁片的螺栓和轴承盖来进行轴向定位。为了润滑轴承，十字轴内留有油道，且与油嘴、安全阀相通。为避免润滑油流出及灰尘进入轴承，十字轴轴颈的内端套装着油封油道及密封装置（见图 10 - 4）。

汽车故障诊断技术（微课版）

图 10-3　十字轴式刚性万向节

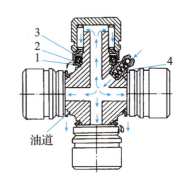

图 10-4　油道及密封装置

1—_____；2—_____；3—_____；
4—_____

在主动轴和从动轴之间有夹角的情况下，当主动叉等角速转动时，从动叉是不等角速的，这称为十字轴式刚性万向节的不等速特性。并且两转轴之间的夹角（越大或越小）_____，不等速特性就（越明显或越不明显）_____。

团队阶段任务		
每一小组派代表讲解十字轴式刚性万向节的不等速特性		
你所在的小组是否完成	阶段得分	教师签字
□完成　□未完成		

2. 等速万向节

常见的球笼式万向节有固定型球笼式万向节（RF 节）和伸缩型球笼式万向节（VL 节）。

固定型球笼式万向节由 6 个_____、_____、_____和保持架等组成，如图 10-5 所示。万向节星形套与主动轴用花键固接在一起，星形套外面有 6 条弧形凹槽滚道，球形壳的内表面有相应的 6 条凹槽，6 个钢球分别装在各条凹槽中，由保持架使其保持在同一平面内。动力由主动轴、钢球、球形壳输出。固定型球笼式万向节工作时 6 个钢球都参与传力，故承载能力强、磨损小、寿命长，广泛应用于各种型号的转向驱动桥和独立悬架的驱动桥。

伸缩型球笼式万向节又称为直槽滚道型万向节，如图 10-6 所示，其结构与固定型球笼式万向节相近，只是内、外滚道为圆筒形直槽，使万向节本身可轴向伸缩（伸缩量为 40～50mm），省去其他万向节传动中的滑动花键，且滚动阻力小，适用于断开式驱动桥的万向传动装置。这种万向节所连接的两轴夹角不能太大，因此常常和固定型球笼式万向节组合在一起使用，以保证在夹角和距离发生变化的条件下传递动力。

固定型球笼式万向节（_____）和伸缩型球笼式万向节（_____）广泛用于采用独立悬架的汽车转向驱动桥，如桑塔纳、捷达、宝来、奥迪等汽车的前桥。其中 RF 节用于靠近_____，VL 节用于靠近_____。

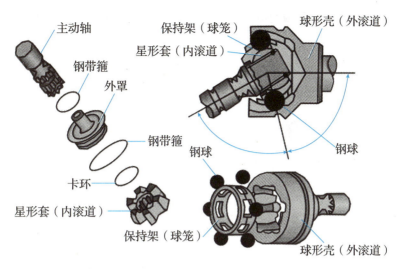

图 10-5　固定型球笼式万向节

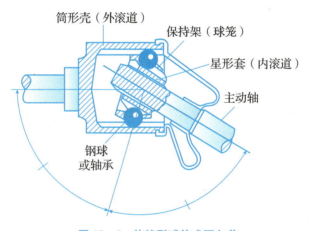

图 10-6　伸缩型球笼式万向节

三枢轴球面滚轮式等速万向节又称为自由三枢轴万向节，其结构如图 10-7 所示。它由 3 个位于同一平面内互成 120°的枢轴构成，它们的轴线交于输入轴上一点，并且垂直于驱动轴。3 个外表面为球面，滚子轴承分别活套在各枢轴上。在其筒形部分加工出 3 个槽形轨道。3 个槽形轨道在筒形圆周上是均匀分布的，轨道配合面为部分筒柱面，3 个滚子轴承分别装入各槽形轨道，可沿轨道滑动。

图 10-7　三枢轴球面滚轮式
等速万向节

（五）传动轴与中间支承

传动轴是万向传动装置中的主要传力部件，通常用来连接变速器（或分动器）和_____
_____，在转向驱动桥和断开式驱动桥中，则用来连接_____和驱动车轮。

传动轴有_____和_____之分。为了减轻传动轴的质量，节省材料，提高传

动轴的强度、刚度，传动轴多为空心轴，超重型货车则直接采用无缝钢管。转向驱动桥、断开式驱动桥或微型汽车的传动轴通常制成实心轴。传动轴两端的插接器装好后，应进行_____实验。在质量小的一侧焊补平衡片，使其不平衡量不超过规定值。

对照图 10-8 填写各组成部分名称。

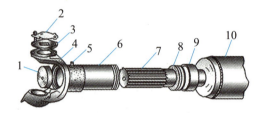

图 10-8　传动轴与滑动叉

1—_____；2—_____；3—_____；4—_____；5—_____；
6—_____；7—_____；8—_____；9—_____；10—_____

汽车行驶过程中，变速器与驱动桥的相对位置会发生变化，随着传动轴角度的改变，其长度也会改变，因此采用滑动叉和花键组成的滑套连接，以实现传动轴长度的变化。

传动轴分段时需加中间支承，中间支承通常装在车间横梁上，能补偿传动轴轴向和角度方向的安装误差，以及汽车行驶过程中因发动机窜动或车架变形等引起的位移。

图 10-9 所示的中间支承由支承座和球轴承等组成，球轴承固定在中间传动轴后部的轴颈上。带油封的支承座之间装有弹性元件橡胶垫环，用 3 个螺栓紧固。紧固时，橡胶垫环会径向扩张，其外圆被挤紧于支架的内孔。

图 10-9　中间支承

🚗 知识拓展

工业和信息化部、科技部、财政部、商务部四部委印发《汽车产品生产者责任延伸试点实施方案》，从 2023 年开始，形成一批可复制、可推广的汽车生产企业为责任主体的报废汽车回收利用模式，报废汽车再生资源综合利用率达到 75%，汽车可回收利用率达到 95%，重点部件的再生原料利用比例不低于 5%。

（六）科鲁兹万向传动装置的认识

科鲁兹万向传动装置如图 10-10 所示。前轮驱动桥包括一个前轮驱动轴三销架万向节（内侧万向节）、一个前轮驱动轴等速万向节（外侧万向节）、一个前轮驱动轴。前轮驱动轴连接前轮驱动轴三销架万向节和前轮驱动轴等速万向节。前轮驱动轴三销架万向节是完全挠性的，可以内外伸缩。前轮驱动轴等速万向节是挠性的，但是不能内外伸缩。

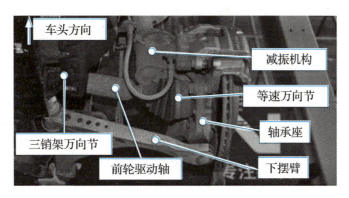

图 10-10　科鲁兹万向传动装置

对于带自动变速器的车辆，万向节的构成如下：左前轮驱动桥有一个内花键，该内花键安装在一个从变速驱动桥上突出的短轴上；右前车轮驱动桥有一个外花键，右前轮驱动桥用柱型卡环与变速驱动桥齿轮实现互锁；前轮驱动轴等速万向节（外侧万向节），前轮驱动轴等速万向节是球笼式万向节。

维修实操基础

完成传动系统的检查并填写工单。

1. 检查轮胎轴承		
	操作步骤	操作登记
用力旋转后松手，听其有无噪声	①车辆停放工位中间，方便举升 判断停放位置　□正常　□不正常 **注意**：保证场地清洁、无杂物，举升机电源和锁止都正常	□已完成
	②放置举升垫块，举升车轮离地 判断垫块位置　□正常　□不正常 **注意**：举升垫块要对准车辆底盘的支承点，在车辆即将离地时，进行二次检查，确认安全才可继续举升	□已完成
	③快速转动轮胎，听轮胎转动时有无噪声 判断检查　□正常　□不正常 **提示**：转动时，利用惯性倾听轮胎轴承转动时有无异响	□已完成

续表

	操作步骤	操作登记
	④上下、左右轻微扳动轮胎，感受其间隙 　判断检查结果　　□正常　□不正常 　**提示**：上下、左右轻微用力晃动轮胎，来感受轮胎轴承轴向和径向间隙	□已完成

操作帮助

检查轮胎轴承

2. 检查变速器油液

	操作步骤	操作登记
	①车辆停在平整路面，放置车轮挡块 　判断停放位置　　□正常　□不正常 　**注意**：车辆要停放平整，保证测量的准确性	□已完成
	②起动车辆，踩下制动踏板并将变速器换挡杆置于每个挡位停留 3s，放回 P 挡 　判断检查结果　　□正常　□不正常 　**提示**：起动并换挡的目的是，让变速器油液充分到达变速器内部、变矩器等工作位置	□已完成
	③使发动机以 500～800r/min 的速度运行 3min，使油液泡沫消散、油液稳定，松开制动踏板 　判断检查结果　　□正常　□不正常 　**注意**：变速器到达正常工作温度，测量油液位置，保证其准确性	□已完成
	④拆卸变速器溢流口放油螺栓，检查变速器油液有无流出 　**注意**：检查变速器油位时，油温应为 85～95℃ 　判断检查结果　　□正常　□不正常 　**提示**：当变速器油液超出标准加注量时，会从溢流口流出	□已完成

操作帮助

检查变速器油液

3. 检查传动轴内、外侧万向节

	操作步骤	操作登记
	①车辆停放在工位中间，方便举升 　判断停放位置　□正常　□不正常	□已完成
	②放置举升垫块，举升车轮离地 　判断垫块位置　□正常　□不正常	□已完成
	③目测检查内侧万向节护套有无破损、裂纹、老化 　判断检查结果　□正常　□不正常	□已完成
	④目测检查外侧万向节护套有无破损、裂纹、老化 　判断检查结果　□正常　□不正常	□已完成

操作帮助

检查传动轴内外万向节

4. 检查底盘附件

	操作步骤	操作登记
	①检查下臂与转向节连接的球节、车身的连接衬套 　有无破损 　判断检查结果　□正常　□不正常	□已完成
	②检查底盘护板固定情况 　判断检查结果　□正常　□不正常	□已完成
	③检查底盘排气管周边隔热板固定情况 　判断检查结果　□正常　□不正常	□已完成
	④检查底盘管道固定情况 　判断检查结果　□正常　□不正常	□已完成

操作帮助

检查底盘附件

5. 检查驱动轴总成

	操作步骤	操作步骤
 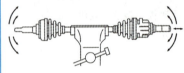	①检查外侧万向节是否灵活 　判断检查结果　□正常　□不正常	□已完成
	②检查外侧万向节内的间隙 　判断检查结果　□正常　□不正常	□已完成
	③检查内侧万向节是否灵活 　判断检查结果　□正常　□不正常	□已完成
	④检查内侧万向节在止推方向上滑动是否正常 　判断检查结果　□正常　□不正常	□已完成
	⑤检查内侧万向节在径向上的间隙 　判断检查结果　□正常　□不正常	□已完成
	⑥检查防尘罩是否损坏 　判断检查结果　□正常　□不正常	□已完成
	⑦检查防尘罩卡箍是否损坏 　判断检查结果　□正常　□不正常	□已完成

制订维修计划

（一）分析故障鱼骨图

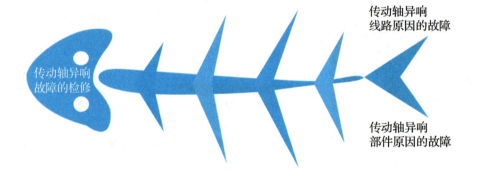

（二）设计维修方案

根据验证的故障现象，设计维修方案，写出方案的具体步骤。

步骤 1	
步骤 2	
步骤 3	
步骤 4	
步骤 5	
步骤 6	
步骤 7	
步骤 8	
步骤 9	
步骤 10	
补充步骤	

（三）绘制检测流程

学习活动二　　　故障检修

学习目标

知识目标：掌握判断车辆行驶异响的可能故障点与原因的方法。

掌握万向节和传动轴及中间支承的构造与工作原理。

技能目标：能根据维修手册要求，在规定时间内规范完成万向传动装置的拆卸、检查工作。

能对相关资料进行检索，完成工单的填写与总结。

能根据微课视频、维修手册正确拆卸、检修传动系统。

能借助相关工具、量具、设备完成车辆万向传动装置故障的检修。

素养目标：培养解决突发问题的能力和工匠精神。

🔧 学习准备

工具：通用拆装工具、组合工具、螺丝刀、锤子、铜棒、扭矩扳手、专用工具。

材料：零部件、清洁与安全耗材、齿轮油、密封胶。

仪器：诊断仪、万用表等。

资料：维修手册、一体化参考书等。

🔧 操作过程

（一）读取故障码和数据流

读取相关 DTC	□无 DTC　□有 DTC：＿＿＿＿＿＿＿＿＿＿＿＿＿

（二）选用动作测试

本次任务是否选用动作测试？	□选用	□不选用
如不选用动作测试，请说明原因。		
如选用动作测试，请勾选相应系统 □发动机系统动作测试　□变速器系统动作测试　□制动系统动作测试　□车身电气系统动作测试		

（三）分析故障范围

目视/物理检查	(1) 检查是否存在可能影响车轮驱动轴或其他转动部件工作的售后加装和改装设备 (2) 检查易于接近或能够看到的系统部件是否有导致该症状的明显损坏或故障 (3) 彻底检查整个车轮驱动轴是否存在损坏，万向节密封装置是否泄漏，卡箍是否缺失 (4) 检查密封装置是否有切口、撕裂或其他可能会导致润滑油流失和污物进入的损坏
转弯时有"咔嗒"声	(1) 可能是由于车轮驱动轴外侧万向节磨损或损坏造成的。转弯和加速时可能更容易出现这种情况。可能是由于等速万向节轴承和/或座圈磨损或损坏造成的 (2) 等速万向节损坏或磨损通常是由润滑油流失和等速万向节内存在异物和污物引起的。仔细检查车轮驱动轴密封装置是否存在切口、撕裂或其他可能导致润滑油泄漏的迹象。润滑油流失将导致车轮驱动轴等速万向节在很短的时间内损坏 (3) 可能需要将车轮驱动轴从车辆上拆下并手动操作外侧万向节。万向节的任何卡滞或移动受阻，都表明可能存在导致故障的损坏

续表

自空挡滑行加速时有沉闷的敲击金属声	(1) 可能是由车轮驱动轴内侧万向节磨损或损坏引起的。导致车轮驱动轴内侧万向节损坏的原因通常是润滑油不足和/或万向节中存在异物和污物，或者是内侧万向节护套撕裂或损坏 (2) 仔细检查车轮驱动轴密封装置是否存在切口、撕裂或其他可能导致润滑油泄漏和/或污物侵入的损坏迹象 (3) 如果检查后没有发现明显的磨损或损坏迹象，可能需要将车轮驱动轴从车辆上拆下并手动检查内侧万向节。切勿使万向节从车轮驱动轴杆上分离。万向节的任何卡滞或移动受阻，都表明可能存在导致故障的损坏
转向加速时有沉闷的敲击金属声	(1) 可能是由内、外侧万向节一起磨损和/或损坏引起的。润滑油流失和/或存在污染会导致万向节内部部件的损坏 (2) 仔细检查万向节密封装置是否有切口、裂缝或其他损坏。万向节密封装置损坏会造成润滑油流失、污染物进入 (3) 如果检查后没有发现明显的磨损或损坏的迹象，可能需要将车轮驱动轴从车辆上拆下并手动操作万向节。切勿使万向节从车轮驱动轴杆上分离。万向节的任何卡滞或移动受阻，都表明可能存在导致故障的损坏

（四）排定先后顺序

确定故障顺序		□拆卸	□替换
		□拆卸	□替换
		□拆卸	□替换
		□拆卸	□替换

（五）检查测量过程

完成工单的填写，请根据故障范围选择相应的内容和顺序。

1. 半轴总成的拆装

操作步骤	操作登记
实操准备工作： ①汽车入工位前，将工位清洗干净准备好相关器材 ②将汽车停驻在举升机中央位置 ③拉紧驻车制动拉杆，将换挡杆置于空挡位置 ④套上方向盘护套、换挡杆护套和座椅套、铺设脚垫 ⑤在车内拉动发动机舱盖释放杆，在车外打开引擎盖并牢固支承 ⑥车外铺设、粘贴前翼子板和前格栅的保护布	□已完成

续表

	操作步骤	操作登记
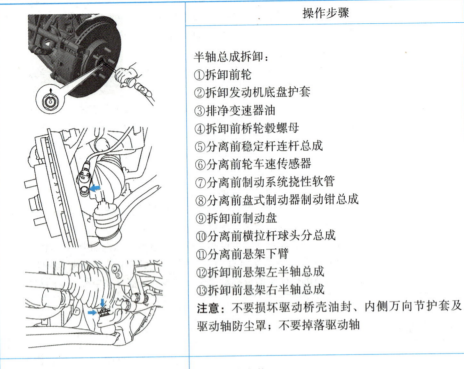	半轴总成拆卸： ①拆卸前轮 ②拆卸发动机底盘护套 ③排净变速器油 ④拆卸前桥轮毂螺母 ⑤分离前稳定杆连杆总成 ⑥分离前轮车速传感器 ⑦分离前制动系统挠性软管 ⑧分离前盘式制动器制动钳总成 ⑨拆卸前制动盘 ⑩分离前横拉杆球头分总成 ⑪分离前悬架下臂 ⑫拆卸前悬架左半轴总成 ⑬拆卸前悬架右半轴总成 **注意**：不要损坏驱动桥壳油封、内侧万向节护套及驱动轴防尘罩；不要掉落驱动轴	□已完成

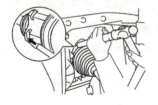
	半轴总成安装：
	①安装前桥左半轴总成
	   在内侧万向节轴花键上涂齿轮油
	   对准轴花键，用铜棒和锤子敲进驱动轴
	   注意：使开口侧向下安装卡环；不要损坏油封、护套和防尘罩
	②安装前桥右半轴总成
	   提示：执行与左侧相同的程序
	③安装前悬架下臂
	④安装前稳定杆连杆总成
	⑤安装横拉杆接头分总成
	⑥安装前制动盘
	⑦安装前盘式制动器制动钳总成
	⑧安装前挠性软管
	⑨安装前轮车速传感器
	⑩安装前桥轮毂螺母
	   用清洁剂清洁驱动轴上带螺纹的零件和车桥轮毂螺母
	   注意：新的驱动轴应确保执行此工作，使带螺纹的零件远离油液和异物
	   使用套筒（30mm）安装新的车轮毂螺母。扭矩为 $300\pm15\text{N}\cdot\text{m}$
	   使用锤子锁紧前桥轮毂螺母	

续表

	操作步骤	操作登记
	⑪加注和检查变速器油液 安装前轮，扭矩为 110±10N·m ⑫检查并调整前轮定位 ⑬检查车速传感器信号 ⑭安装发动机底盘护套	□已完成

2. 万向节的检查与更换

	操作步骤	操作登记
	实操准备工作： ①汽车进入工位前，将工位清洗干净，并准备好相关器材 ②将汽车停驻在举升机中央位置 ③拉紧驻车制动拉杆，并将换挡杆置于空挡位置 ④套上方向盘护套、换挡杆护套和座椅套、铺设脚垫 ⑤在车内拉动发动机舱盖释放杆，在车外打开引擎盖并牢固支承 ⑥车外铺设、粘贴前翼子板和前格栅的保护布	□已完成
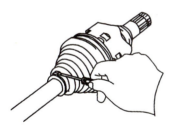 拆卸前桥内侧万向节护套卡夹  拆卸前桥内侧万向节护套2号卡夹	万向节的拆解： ①拆卸前桥内侧万向节护套宽侧的卡夹。用螺丝刀松开护套卡夹的锁紧部件并分离护套卡夹 ②拆卸前桥内侧万向节护套窄侧的卡夹。用螺丝刀松开护套卡夹的锁紧部件并分离护套卡夹 ③分离前桥内侧万向节护套。将内侧万向节防尘套从内侧万向节密封装置上分离 ④拆卸前桥左半轴内侧万向节总成 清除内侧万向节上的所有旧润滑油 在内侧万向节和外侧万向节轴上做好装配工作 **注意**：不要冲出标记 将内侧万向节从外侧万向节上拆下 在台虎钳上的两个铝板之间夹住外侧万向节轴 **注意**：不要过度紧固台虎钳 使用卡环扩张器，拆下轴卡环 在外侧万向节轴上和三销架上设置装配标记 **注意**：不要冲出标记 用铜棒和锤子从外侧万向节轴上敲出三销架 **注意**：不要敲击滚轮	□已完成

续表

	操作步骤	操作登记
装配标记 SST	⑤拆卸前桥右半轴内侧万向节总成 　提示：执行与上述相同的程序 ⑥拆卸前桥内侧万向节密封装置。将内侧万向节密封装置从内侧万向节上拆下 ⑦拆卸前桥内侧万向节护套。拆下内侧万向节护套、内侧万向节护套2号卡夹和内侧万向节护套卡夹 ⑧拆卸前桥右半轴减振器卡夹（右侧）。用尖嘴钳拆下2个驱动轴减振器卡夹 ⑨拆卸前桥右半轴减振器（右侧）。将前桥半轴减振器从外侧万向节轴上拆下 ⑩拆卸前桥外侧万向节护套2号卡夹（左侧）。用螺丝刀松开护套卡夹的锁紧部件并拆下护套卡夹 ⑪拆卸前桥外侧万向节护套卡夹（左侧）。用螺丝刀松开护套卡夹的锁紧部件并拆下护套卡夹 ⑫拆卸左前桥外侧万向节护套（左侧） 　从外侧万向节轴上拆下外侧万向节护套 　清除外侧万向节上的所有旧润滑油 ⑬拆卸前桥左半轴孔卡环。用螺丝刀拆下孔卡环 ⑭拆卸前桥右半卡环 　提示：执行与上述相同的程序 ⑮拆卸前桥左半轴防尘罩。使用SST和压力机压出半轴防尘罩（使用SST09950—00020） 　注意：不要掉落内侧万向节 ⑯拆卸前桥右半轴防尘罩 　提示：执行与上述相同的程序	
万向节检查 尺寸（A）	万向节的检查： ①检查并确定外侧万向节在径向上没有过大间隙 ②检查并确认内侧外向节在止推方向上滑动顺畅 ③检查并确认内侧外向节在径向上没有过大间隙 ④检查护套是否损坏 注意：在检查过程中保持传动轴总成水平	□已完成

3. 万向节的装配

	操作步骤	操作登记
SST　防尘罩	①安装前桥左半轴防尘罩。使用 SST 和压力机，压进一个新的半轴防尘罩（使用 SST0952—10011） **注意**：防尘罩应完全安装到位；注意不要损坏防尘罩	□已完成
聚氯乙烯绝缘带	②安装前桥右半轴防尘罩 **提示**：执行与左侧相同程序	□已完成
	③安装前桥左半轴孔卡环，安装一个新的孔卡环	□已完成
	④安装前桥右半轴孔卡环 **提示**：执行与左侧相同程序	□已完成
重物　接触	⑤安装左前桥外侧万向节护套（左侧） 使用保护性胶带缠绕外侧万向节轴的花键 **提示**：在安装护套之前，使用塑料带缠绕驱动轴的花键，以防止防尘套损坏 按以下顺序，将新零件安装到外侧万向节轴上 a. 2 号外侧万向节护套卡夹 b. 外侧万向节护套 c. 外侧万向节护套卡夹 用护套维修组件中的润滑油涂抹在外侧万向节轴和护套。标准润滑油容量为 135～145g 将外侧万向节护套安装在外侧万向节轴槽上 **提示**：槽里不能有润滑油	□已完成
将头部放在靠近杆中央	⑥安装前桥外侧万向节护套 2 号卡夹（左侧） **注意**：佩戴保护手套以防护手 将护套卡夹安装在外侧万向节护套上并暂时将杆折回 **注意**：将杆正确地安装至导槽，将卡夹安装至车辆内侧尽可能远处；将杆折回前，确定箍带和杆没有变形 朝工作面按压外侧万向节，同时把身体重量倚靠到手上并向前转动外侧万向节，转动外侧万向节并折叠直至听到"咔嗒"声 **注意**：不要损坏导流板；确保万向节与工作面直接接触 调整杆与槽之间的间隙以使锁扣边缘与杆端之间的间隙均匀，同时用塑料锤敲击锁扣将其固定 **注意**：不要损坏外侧万向节护套	□已完成

续表

	操作步骤	操作登记
	⑦安装前桥外侧万向节护套卡夹（左侧） **注意**：佩戴保护手套以防伤手 将护套卡夹安装到万向节护套上开暂时将杆折回 **注意**：将杆正确地安装至导槽，将杆折回前，确定箍带和杆没有变形 用水泵钳子，捏住护套卡夹，暂时将其固定 调整杆与槽之间的间隙以使锁扣边缘与杆端之间的间隙均匀，同时用塑料锤敲击锁扣将其固定 **注意**：不要损坏外侧万向节护套	□已完成
卡爪部分	⑧安装前桥右半轴减振器（右侧） 按以下顺序，将零件安装到外侧万向节轴上 a. 驱动轴减振器卡夹 b. 驱动轴减振器 c. 驱动轴减振器卡夹 确保减振器在轴的凹槽上 按规定设置距离，标准距离为458～462mm	□已完成
	⑨安装前桥右半轴减振器卡夹（右侧） 在台虎钳上的两个铝板之间夹住前桥半轴 将驱动轴减振器安装至减振器 **注意**：确保将卡夹安装到正确位置 用尖嘴钳安装2个驱动轴减振器卡夹	□已完成
聚氯乙烯绝缘带	⑩暂时安装前桥内侧万向节护套 用塑料带缠绕外侧万向节轴花键，以防止护套损坏 **提示**：在安装护套之前，请用塑料带缠绕驱动轴的花键，以防止护套损坏 按以下顺序，将新零件安装至外侧万向节轴上 a. 内侧万向节防尘套卡夹 b. 内侧万向节防尘套 c. 内侧万向节防尘套2号卡夹	□已完成
凹槽	⑪安装前桥内侧万向节密封装置。将一个新的内侧万向节密封装置安装至内侧万向节槽上 **注意**：将内侧万向节密封装置上的凸出部分牢固地安装至内侧万向节槽	□已完成

续表

	操作步骤	操作登记
钳头对准杠杆中央 装配标记	⑫安装前桥左半轴内侧万向节总成 　使三销架轴向花键斜面朝向外侧万向节 　在拆卸之前，对准做好的装配标记 　用铜棒和锤子，把三销式万向节敲进驱动轴 　**注意**：不要敲击滚子，确保以正确方向安装三销架 　用护套维修组件中的润滑油涂抹内侧万向节轴和 　护套。标准润滑油容量为175～185g 　使用卡夹扩张器，安装一个新的半轴卡环 　对准装配标记，将内侧万向节安装至外侧万向节轴	□已完成
	⑬安装前桥右半轴内侧万向节总成 　**提示**：执行与上述相同的程序	□已完成
	⑭安装前桥内侧万向节护套。将内侧万向节护套安 　装至内侧万向节密封装置和外侧万向节轴的槽中 　**注意**：槽里不能有润滑油	□已完成
	⑮安装前桥内侧万向节护套卡夹 　**注意**：佩戴保护手套以防伤手 　将护套卡夹安装至万向节护套并暂时将杆折回 　**注意**：将杆正确地安装至导槽；将杆折回前，检 　查并确认箍带和杠杆没有变形 　用水泵钳子，捏住防尘套卡夹，暂时将其固定 　调整杆和槽之间的间隙以使锁扣边缘和杆端之间 　的间隙均匀，同时用塑料锤敲击锁扣将其固定 　**注意**：不要损坏内侧万向节护套	□已完成
体重 接触	⑯安装前桥内侧万向节护套2号卡夹 　将护套卡夹安装到内侧万向节护套上 　保持尺寸（A）在规定长度内，同时将内侧万向 　节密封装置的凹陷部分拉出，使内侧万向节内部 　暴露在大气压力下 　将杆支点设置在任意点处并暂时弯曲杆 　**注意**：佩戴保护手套以防伤手 　执行该操作时，万向节的内部必须保持在大气压 　力下；将杠杆正确地安装至导槽，将卡夹尽可能 　靠近车辆内侧安装；将杆折回前，检查并确定箍 　带和杆没有变形。	□已完成

续表

	操作步骤	操作登记
	朝工作面按压内侧万向节，同时把身体重量集中到手上并向前转动内侧万向节，转动内侧万向节并折起杠杆直至听到"咔嗒"声 **注意**：不要损坏导流板；确保万向节与工作面直接接触 调整杆与槽之间的间隙以使锁扣边缘与杆端的间隙均匀，同时用塑料锤敲击锁扣将其固定 **注意**：不要损坏内侧万向节护套	
	⑰检查前桥半轴 **提示**：检查护套有无破损、润滑油有无泄漏，半轴有无破损	□已完成

操作帮助

检查驱动轴总成

（六）确认排除故障

	1. 故障的确认		
故障确认和排除	□元件损坏	请写明元件名称：	
	□线路故障	请写明线路区间：	
	□其他		
	2. 故障点的排除处理说明		
	□更换	□维修	□调整

提示：必要时，还应检查前轮及车架是否变形。对变形部件进行维修或更换。

（七）验证维修结果

车辆正常行驶	□正常　□不正常	
车辆传动系统	□正常　□不正常	如勾选不正常，请判断　□变速器 □万向传动装置 □传动轴

续表

变速器	□正常 □不正常	
读取 DTC	□有 DTC □无 DTC	如有 DTC，为＿＿＿＿

（八）维修任务拓展

请大家根据本任务学习的成果，团队合作完成下列任务。

任务
完成哈弗 M6 PLUS 汽车传动轴的拆装与检修

📖 素养悦读之中国汽车品牌

从起于微末到与巨头鼎足

20 世纪 80 年代末，台州人李书福花 6 万元买了一辆中华牌小轿车，并兴奋地把车从深圳一直开到台州。虽然他对那辆汽车评价不高，但那辆车却成了他后来造车的灵感之一。

刚开始模仿高端太困难，那就从低端下手。这一次李书福的模仿对象是刚刚流行起来的天津夏利，他给吉利第一款车起了个颇有几分江湖气的名字——豪情。

2010 年 8 月，吉利收购了沃尔沃。收购沃尔沃使吉利获得了沃尔沃的技术使用权，李书福还把沃尔沃全球设计总监挖到吉利担任设计副总裁。吉利收购沃尔沃后，开始通过组织架构来分享全球主流车企的核心技术。短短四年时间，吉利从差点破产一跃成为跟日产平起平坐的自主品牌领先者，这中间只用了一代产品。

面临全球汽车产业发展变革，吉利经历一次次转型，已成长为一家科技创新企业，在新能源科技、人机交互、智能驾驶、车载芯片、低轨卫星等前沿领域开花结果。例如着眼未来出行，民营"中国星链"——吉利未来出行星座在轨卫星已达到 30 颗，可实现 24 小时全球 90%区域覆盖。

资料来源：侯伟胜. 自主品牌汽车：从起于微末到与巨头鼎足. 商业观察，2023，9（22）：6－9. 有删改.

学习评价

学习活动一　维修基础评价

班级		姓名		学号		日期		
序号	评价内容			配分	得分		层级	
1	能正确叙述传动轴异响的故障现象			5				
2	能掌握万向节的功用、组成、类型			5				
3	能理解万向节的分类和工作原理			10				
4	能掌握传动系统结构			5				
5	能查阅维修手册，正确识别万向传动装置部件位置			5				
6	能根据维修手册正确拆卸万向传动装置零部件			15				
7	能根据维修手册正确检修万向节零部件			15			□A 档（90～100 分）	
8	能正确使用工具、量具、仪器等完成操作任务			5			□B 档（76～89 分）	
9	能根据维修手册分析故障原因，并在教师的帮助指导下完成传动轴异响故障维修方案的制定			5			□C 档（60～75 分） □D 档（60 分以下）	
10	遵守课堂纪律，积极接受任务，肯吃苦，会钻研			5				
11	时刻牢记安全第一，践行 7S 理念			5				
12	积极参与课堂讨论，发挥团队合作及创新精神			5				
13	在遇到困难时，不放弃，会思考，敢问询			5				
14	及时完成老师布置的任务及工单填写			10				
总分				100				
个人学习小结								

学习活动二　故障检修评价

班级		姓名		学号		日期	
序号	评价内容			配分	得分	层级	
1	能正确完成故障的检查和分析			5			
2	能准确判断可能的故障点和分析故障范围			5			
3	能正确查阅、使用维修手册			10			
4	能根据维修手册完成万向传动装置的检修			10			
5	能根据教师和企业师傅的指导，正确排定检测顺序			5			
6	能根据维修手册正确拆卸传动轴			5		□A档（90～100分）	
7	能根据维修手册正确拆卸内侧万向节			5		□B档（76～89分）	
8	能根据维修手册正确拆卸外侧万向节			5		□C档（60～75分）	
9	能根据维修手册进行内、外侧万向节的检修			15		□D档（60分以下）	
10	能正确使用工具、量具等完成操作任务			5			
11	遵守课堂纪律，积极接受任务，肯吃苦，会钻研			5			
12	时刻牢记安全第一，践行 7S 理念			5			
13	积极参与课堂讨论，发挥团队合作及创新精神			5			
14	在遇到困难时，不放弃，会思考，敢问询			5			
15	及时完成老师布置的任务及工单填写			10			
总分				100			
个人学习小结							

学习任务评价表

班级				姓名			学号				
评价内容	自我评价（20%）			小组评价（30%）			教师评价（20%）			企业评价（30%）		
	10～8	7～4	3～1	10～8	7～4	3～1	10～8	7～4	3～1	10～8	7～4	3～1
学习活动一												
学习活动二												
课堂纪律												
团队合作												
表达能力												
动手能力												
反思能力												
工作态度												
安全意识												
总分												
任务总结												

参考文献

［1］黄文光，刘健，陆明伟. 汽车维修基本技能一体化教材. 北京：电子工业出版社，2023.

［2］汪胜国，陆志琴. 汽车维修基础技能实训教材. 3 版. 北京：人民交通出版社，2022.

［3］陈长春，陈晴. 汽车维修质量检验. 4 版. 北京：机械工业出版社，2023.

［4］郭文龙，唐芳，胡胜. 汽车维修技能基础. 北京：机械工业出版社，2020.

［5］王囯. 汽车电控发动机构造与维修. 4 版. 北京：人民交通出版社，2021.